Fredo 1

Mathematik

Förderheft mit interaktiven Übungen

Erarbeitet von
Mechtilde Balins
Rita Dürr
Nicole Franzen-Stephan
Ute Plötzer
Anne Strothmann
Margot Torke

Illustriert von
Friederike Ablang
Cleo-Petra Kurze
Martina Theisen

Unter Beratung von
Christian Bussebaum,
Mathematisch-
Lerntherapeutisches
Institut Düsseldorf

scook Deine **interaktiven Übungen** findest du hier:

1. Melde dich auf scook.de an.
2. Gib den unten stehenden Zugangscode in die Box ein.
3. Hab viel Spaß mit deinen interaktiven Übungen.

www.scook.de
875wa-6r5rj

Die Nutzungsdauer für die Online-Übungen beträgt nach Aktivierung des Zugangscodes zwei Jahre. In dieser Zeit speichern wir deine Lernstandsdaten für dich; nach Ablauf der Nutzungsdauer werden sie gelöscht.

Cornelsen

Inhaltsverzeichnis

SB S. 8, 9

1 Zähle. Zusammen sind es …

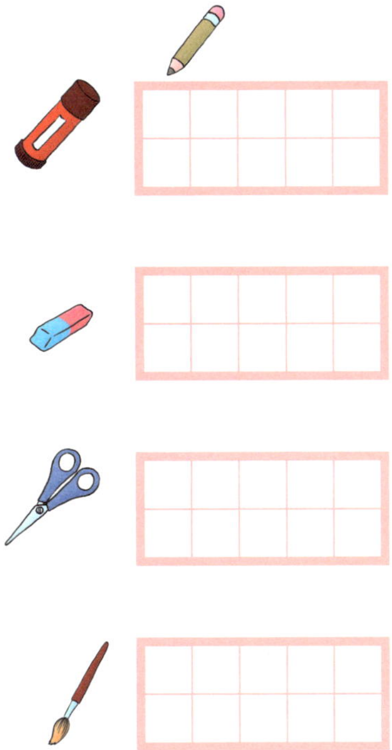

2 Zähle. Zusammen sind es …

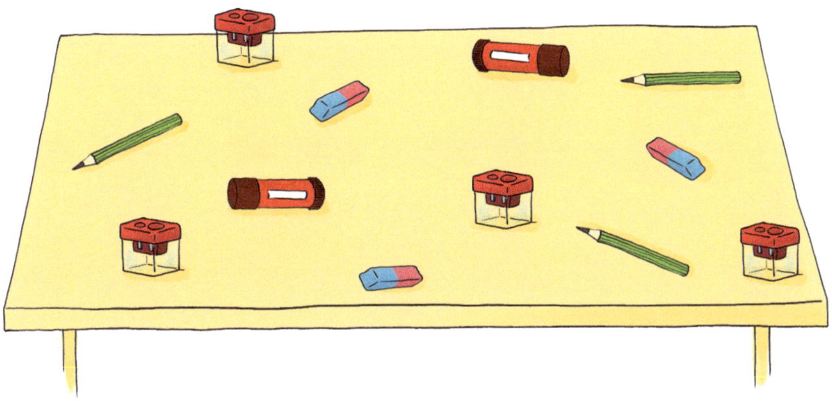

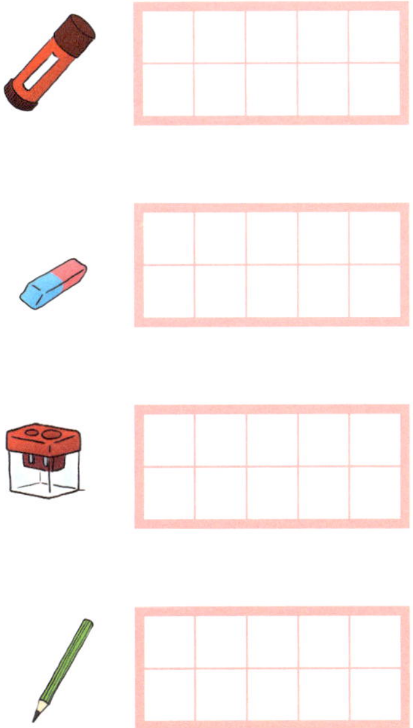

SB S. 10, 11

1 Zeige mit deinen Fingern. Verbinde.

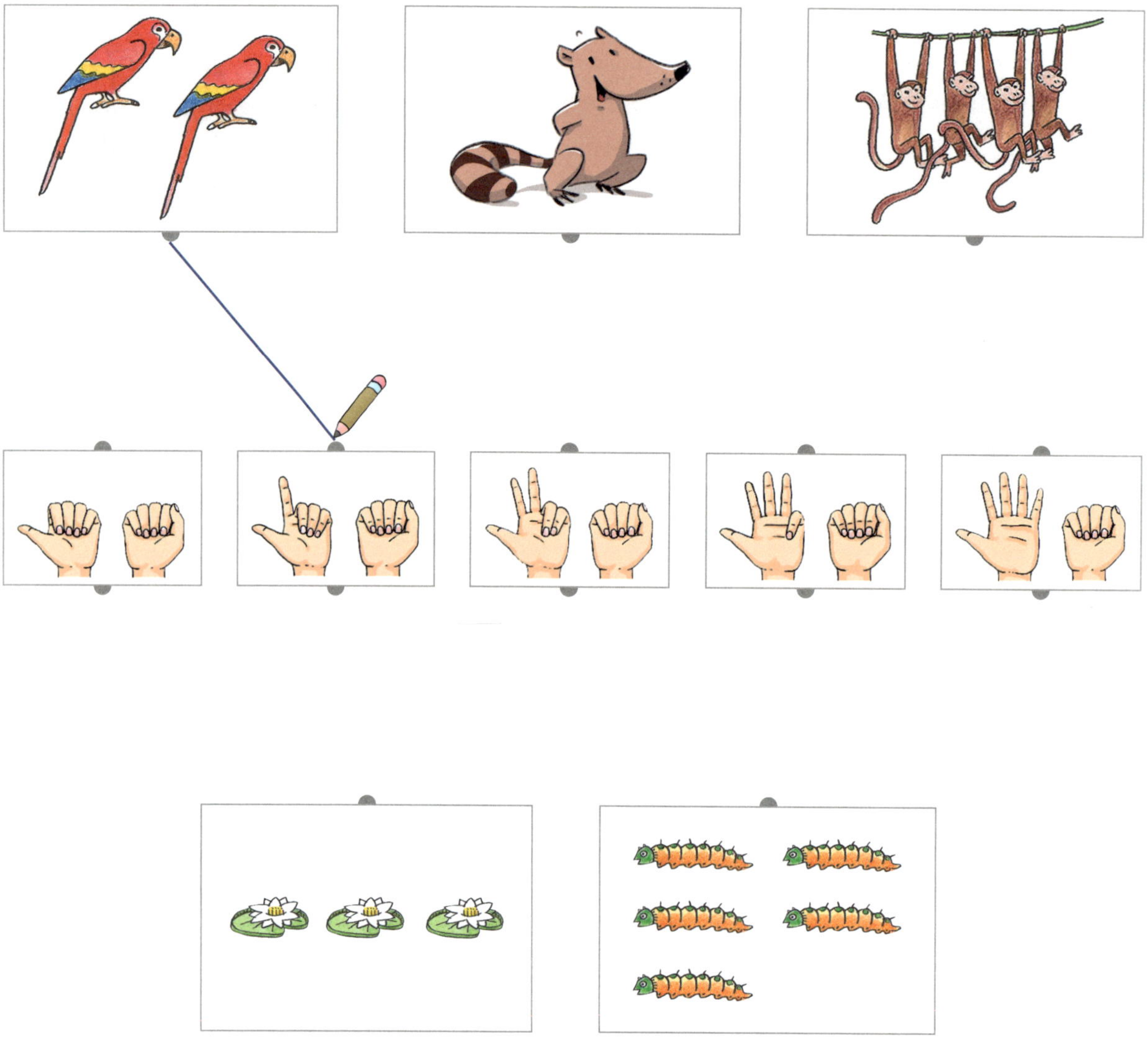

2 Zeige mit deinen Fingern. Verbinde.

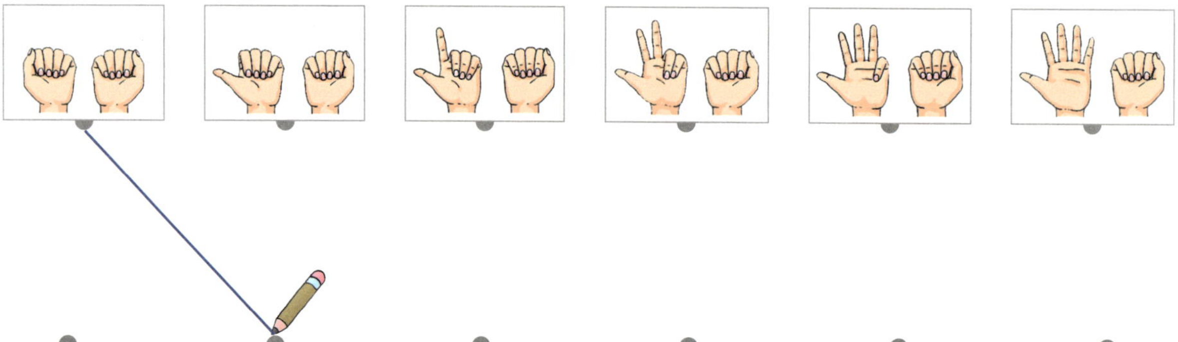

2	0	1	3	5	4

3 Zeige mit deinen Fingern. Verbinde.

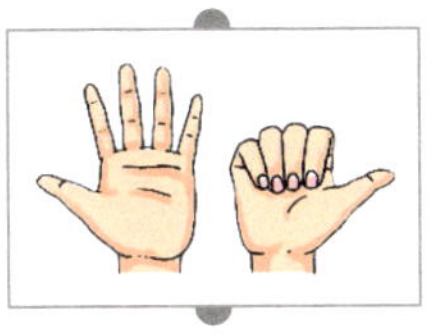
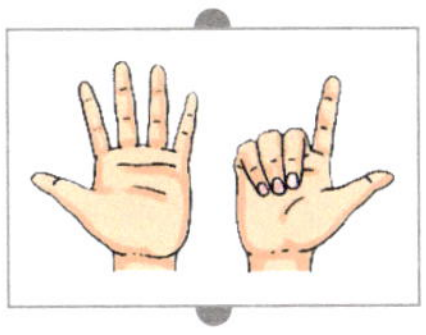
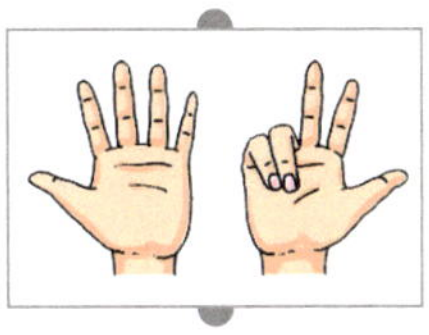
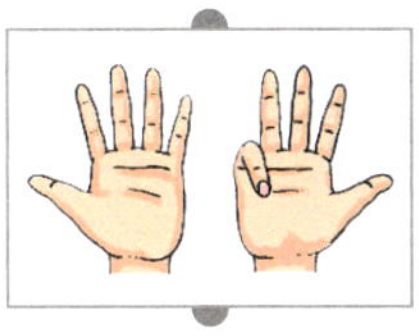
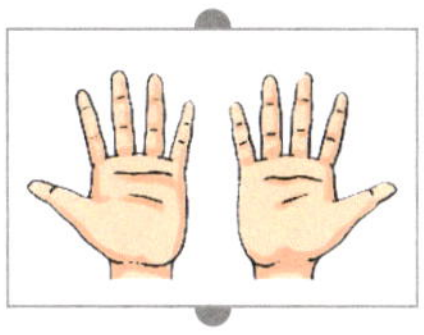

4 Zeige mit deinen Fingern. Verbinde.

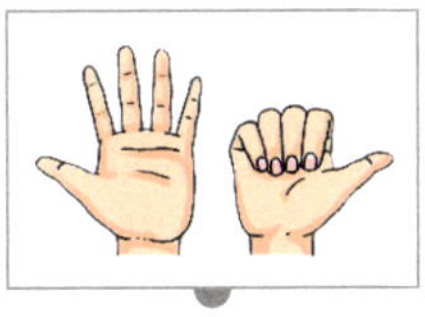
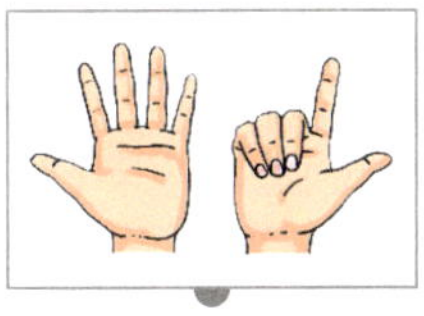
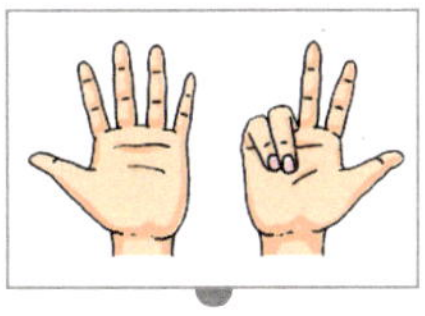
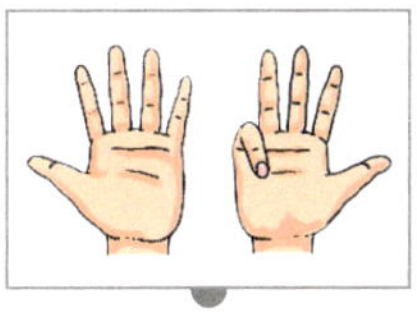
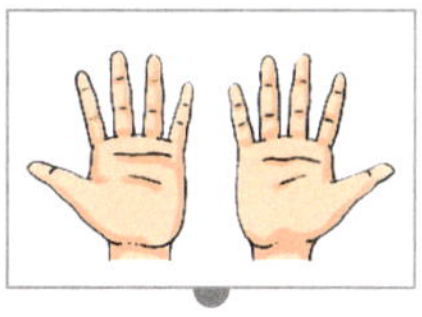

8	6	7	10	9

Gleich viele?

SB S. 14, 15

1 Gleich viele?

2 Gleich viele?

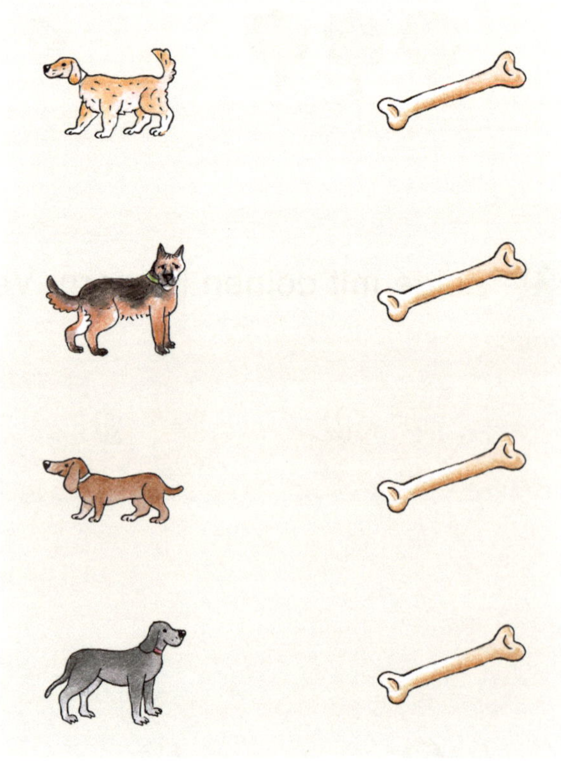

3 Gleich viele?

4 Gleich viele?

Hamstern: Mengen vergleichen

SB S. 16, 17

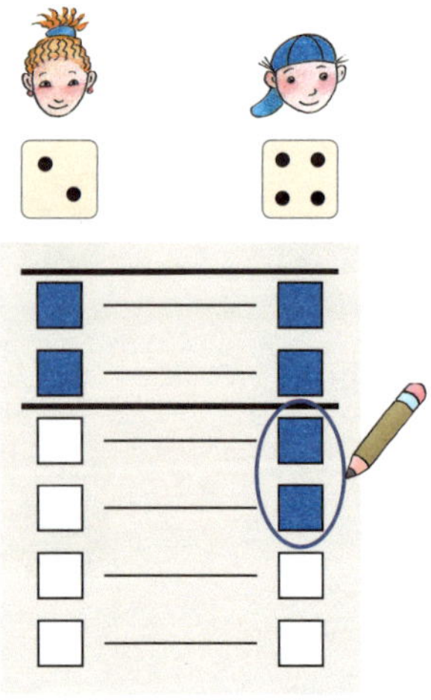

2 für

___ für

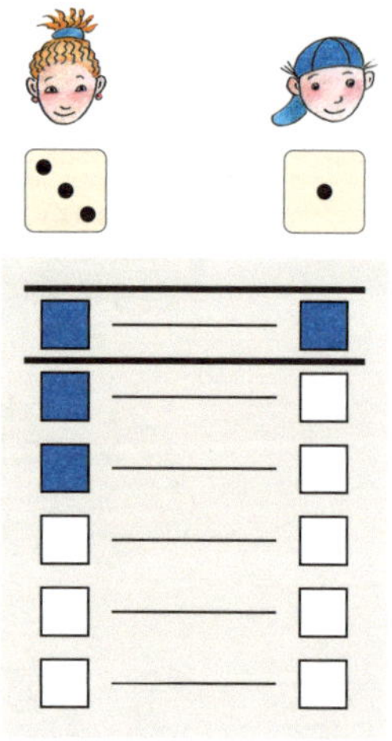

___ für

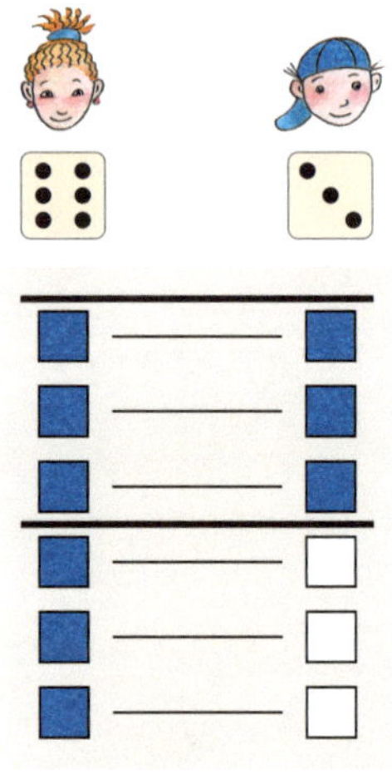

___ für

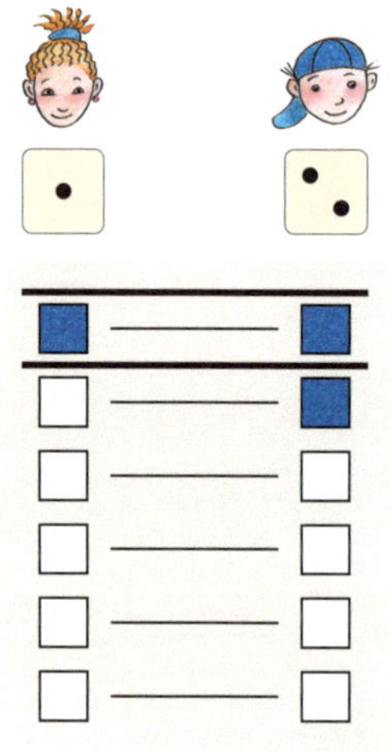

___ für

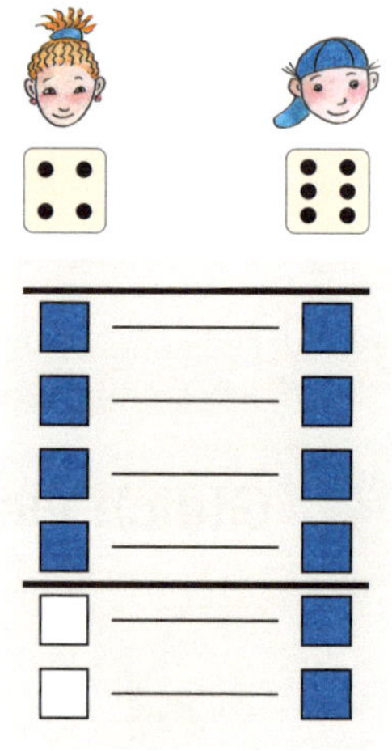

___ für

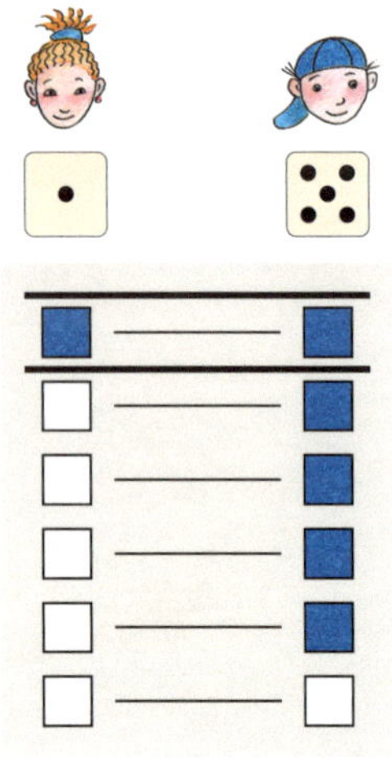

___ für

___ für

___ für

Partnerübungen zum Thema befinden sich im Trainingsplan auf S. 92, 93.

Wie viele mehr?

SB S. 19

1 Wie viele sind es?

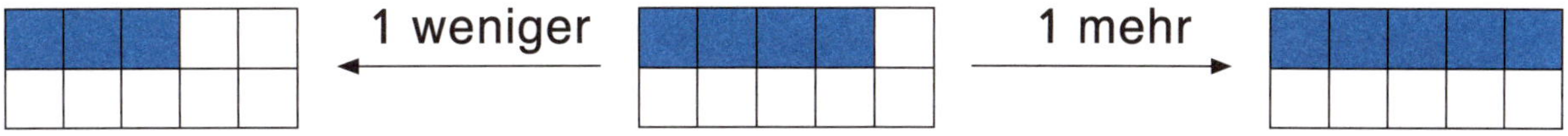

3 | 4 | ___

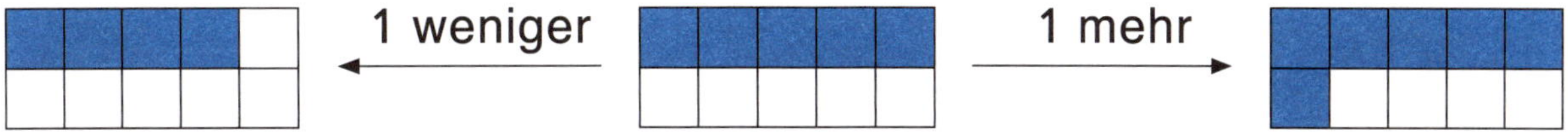

___ | 5 | ___

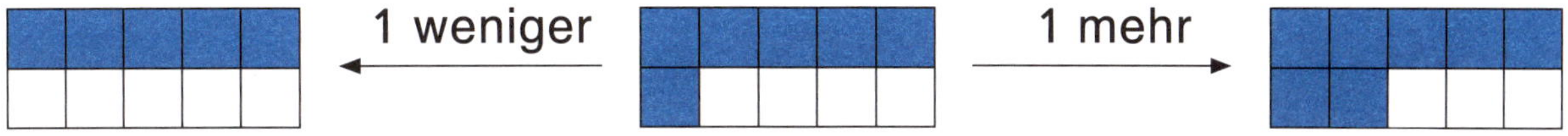

___ | 6 | ___

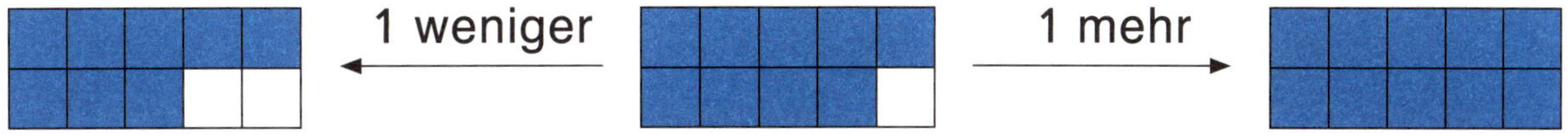

___ | 9 | ___

2 Wie viele sind es?

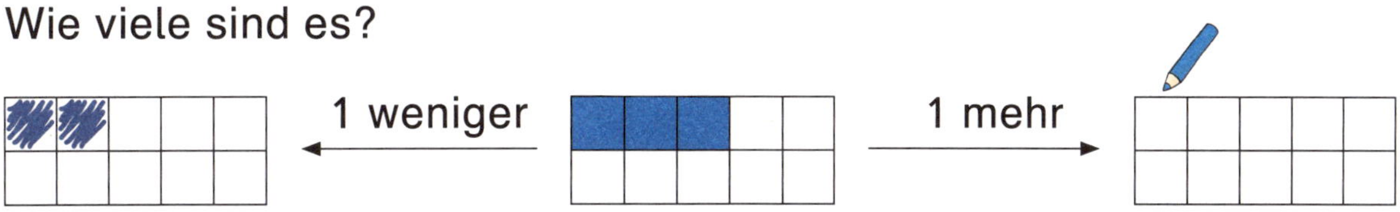

2 | 3 | 4

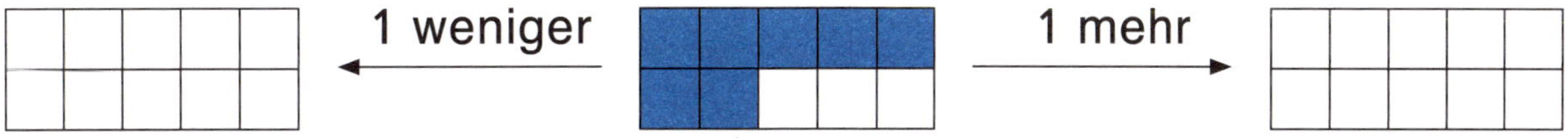

6 | 7 | 8

SB S. 20, 21

1 Wie heißt die größere Nachbarzahl?

5	6	2		8		6	
4		1		9		7	

2 Wie heißt die kleinere Nachbarzahl?

1	2		5		9		6
	8		4		3		10

3 Wie heißen die Nachbarzahlen?

4	5	6		2			8	
	6			9			4	
	7			3			5	

Partnerübungen zum Thema befinden sich im Trainingsplan auf S. 92, 93.

SB S. 22, 23

(>)	(<)	(=)
ist größer als	ist kleiner als	ist gleich

1 Vergleiche: (>), (<), (=)

5 (>) 3	6 ◯ 1	4 ◯ 4
2 ◯ 4	1 ◯ 3	6 ◯ 4
5 ◯ 5	3 ◯ 6	2 ◯ 2

2 Vergleiche: (>), (<), (=)

6 ◯ 9	7 ◯ 2	10 ◯ 3
4 ◯ 6	8 ◯ 8	3 ◯ 4
2 ◯ 2	5 ◯ 1	2 ◯ 9

Partnerübungen zum Thema befinden sich im Trainingsplan auf S. 92, 93.

Links – rechts, oben – unten

SB S. 24, 25

1 Wo ist der Apfel? Kreuze an.

links	
rechts	

links	
rechts	

oben	
unten	

oben	
unten	

2 Wo sind die Dinge? Kreuze an.

links	
rechts	

links	
rechts	

3 Wo sind die Dinge? Kreuze an.

oben	
unten	

oben	
unten	

oben	
unten	

SB S. 26, 27

1 Lege nach und male.

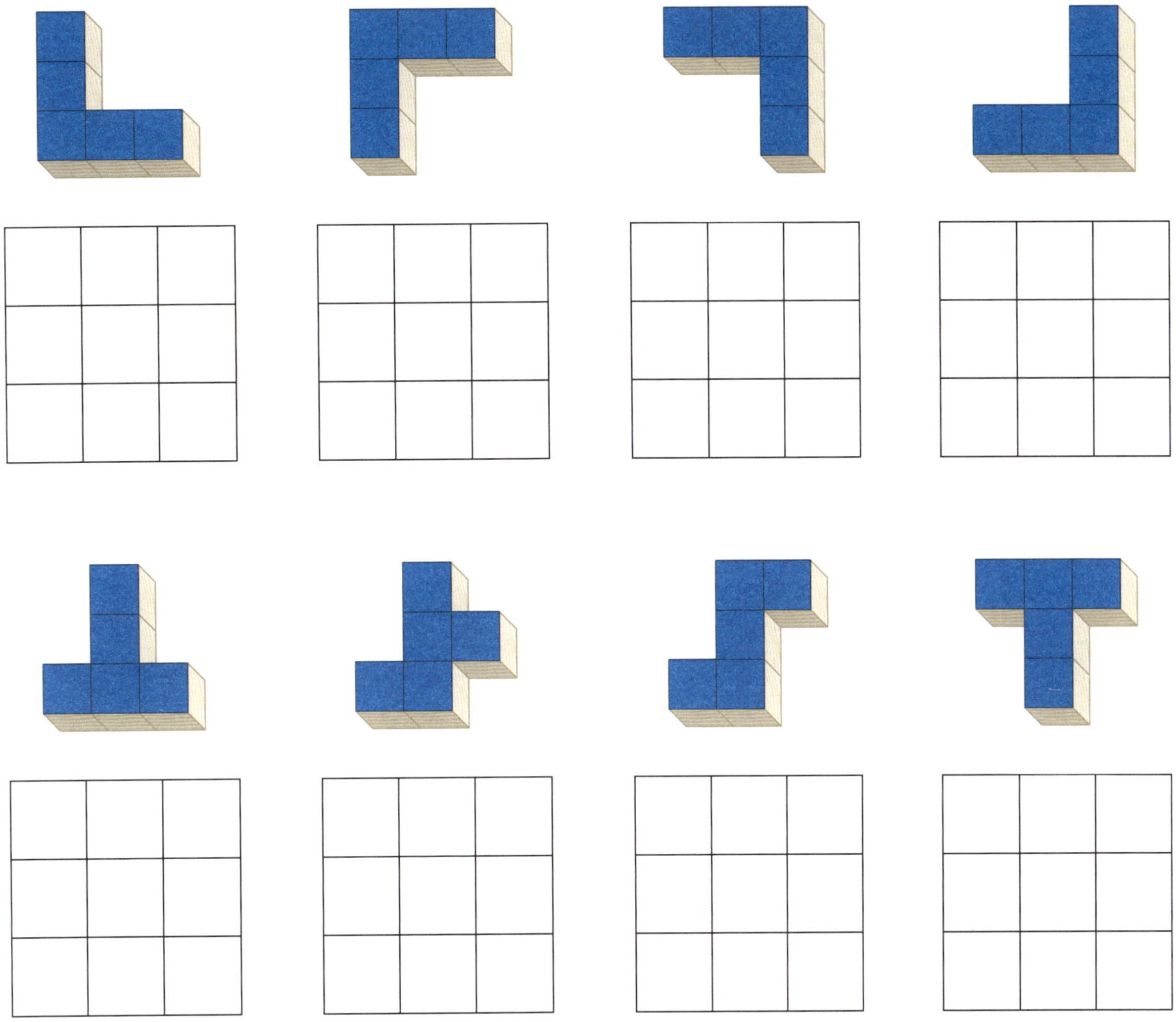

2 Lege nach und male.

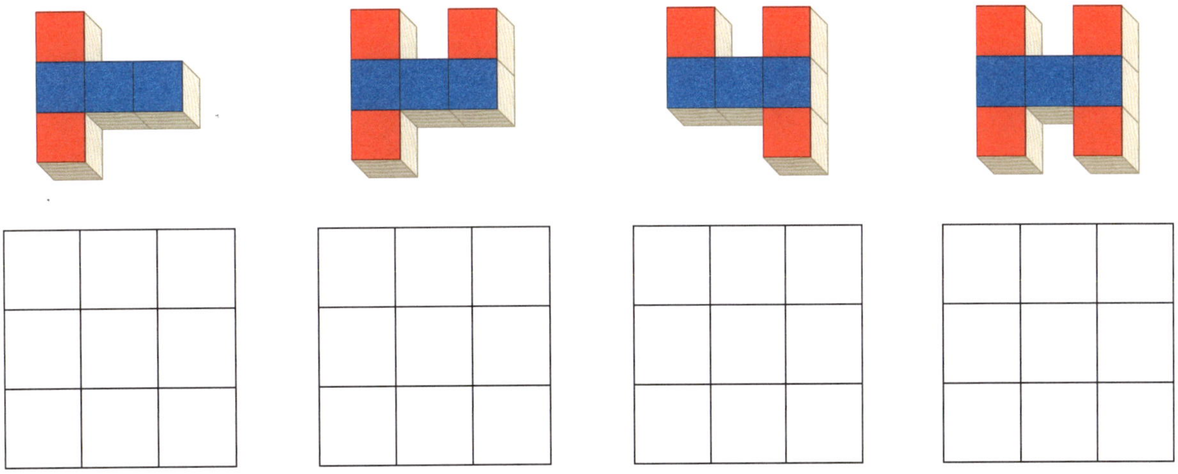

SB S. 28, 29

1 Wie geht es weiter?

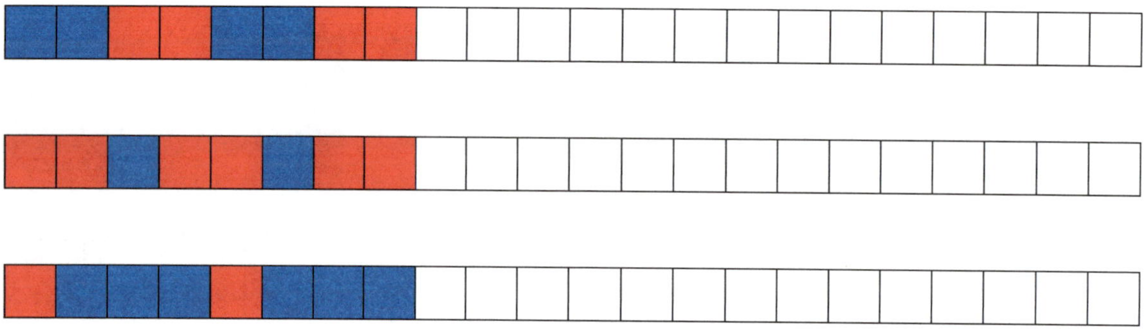

2 Wie geht es weiter?

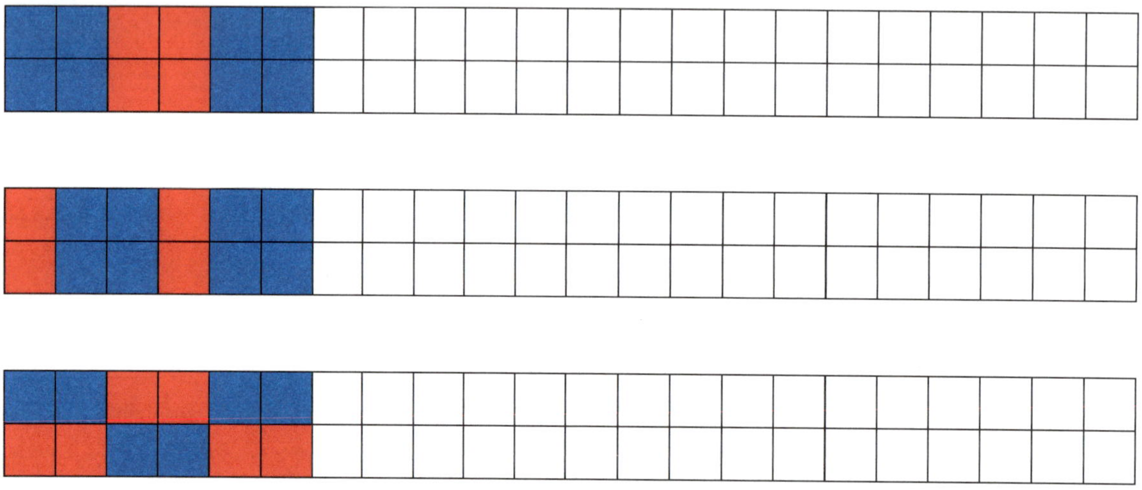

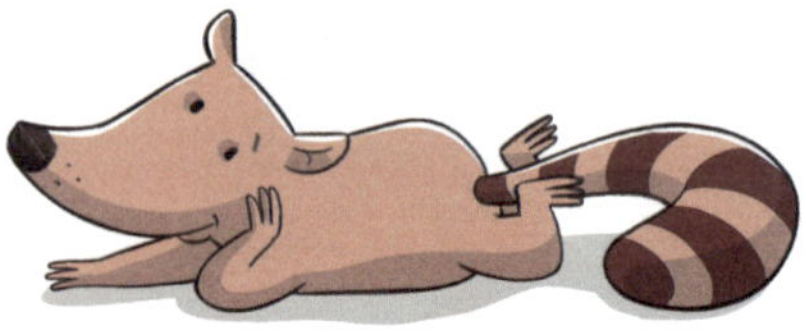

3 Male eigene Muster.

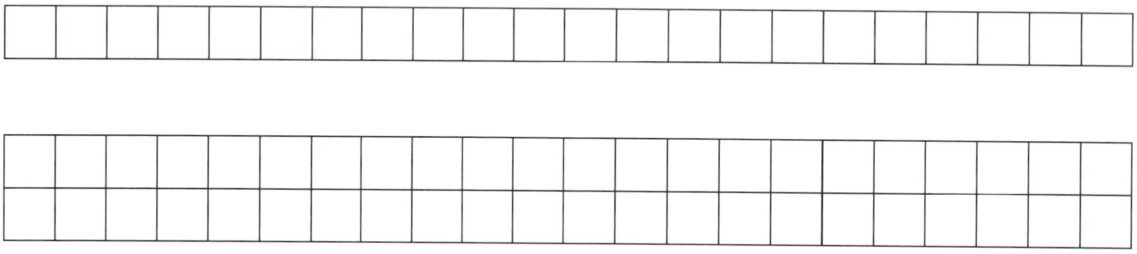

1 Zählen

___

___

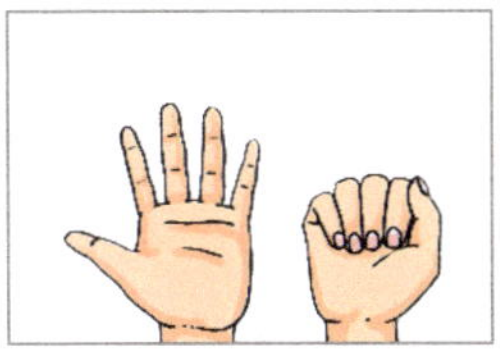
___

___

2 Zahlen darstellen

3

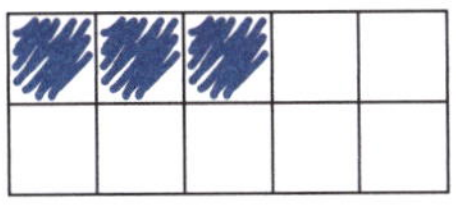

4

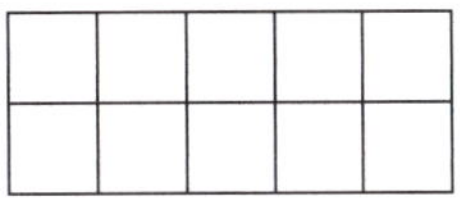

5

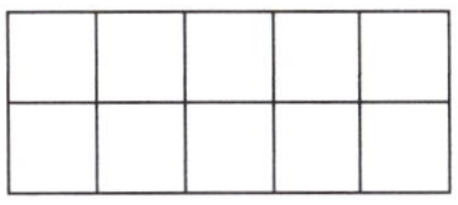

7

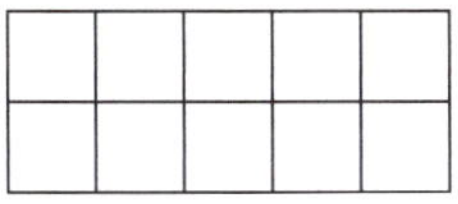

3 Nachbarzahlen benennen

☐ 4 ☐ ☐ 9 ☐ ☐ 7 ☐

☐ 6 ☐ ☐ 3 ☐ ☐ 5 ☐

4 Zahlen mit (>), (<), (=) vergleichen

3 ◯ 6   9 ◯ 5   4 ◯ 4   7 ◯ 8   6 ◯ 5

5 Muster fortsetzen

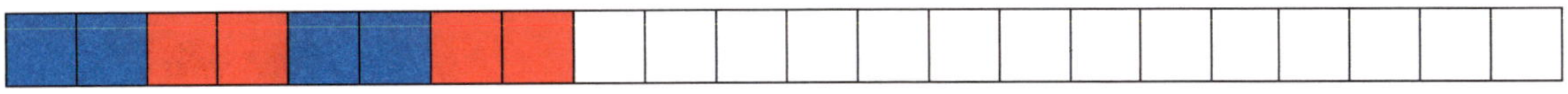

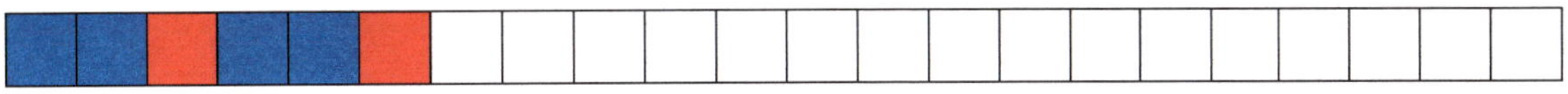

SB S. 34, 35

1 Male die Zerlegungen.

5	
0	5
1	4
2	3
3	2
4	1
5	0

6	
0	6
1	5
2	4
3	3
4	2
5	1
6	0

2 Zerlege.

Partnerübungen zum Thema befinden sich im Trainingsplan auf S. 92, 93.

SB S. 40, 41

1 Es wird mehr. Schreibe die **Plus**aufgabe.

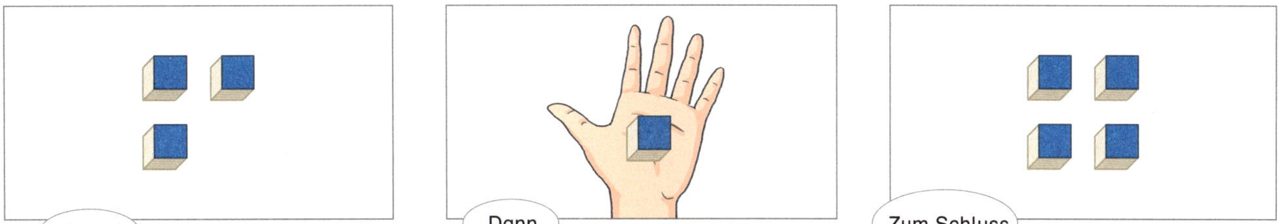

Zuerst 3 | Dann + 1 | Zum Schluss = ____

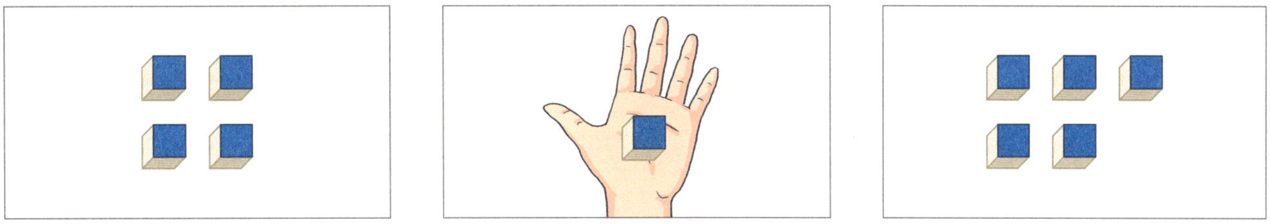

____ | + ____ | = ____

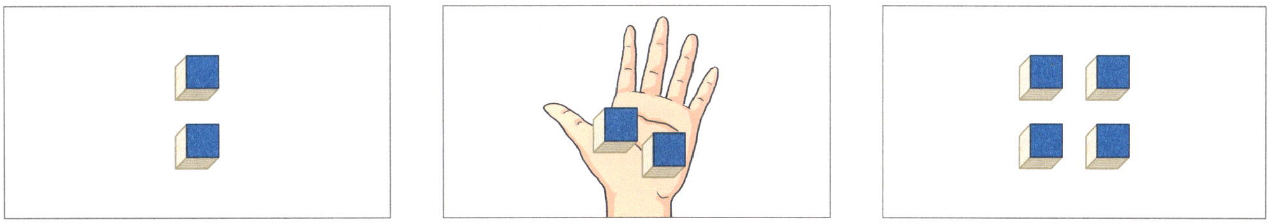

____ | + ____ | = ____

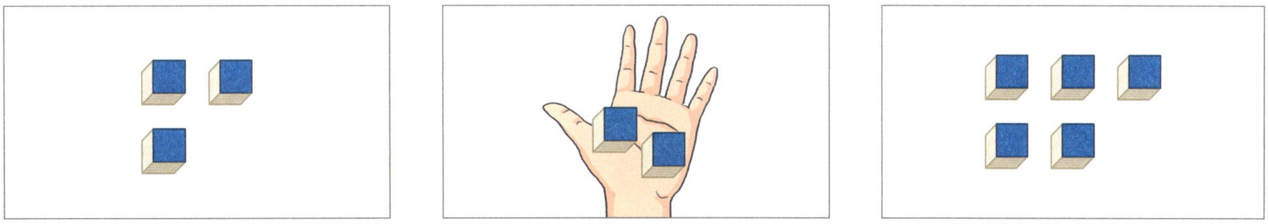

____ | + ____ | = ____

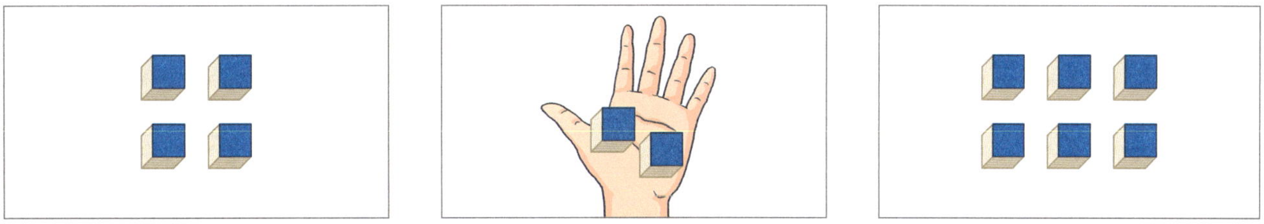

____ | + ____ | = ____

1 Es wird weniger. Schreibe die **Minus**aufgabe.

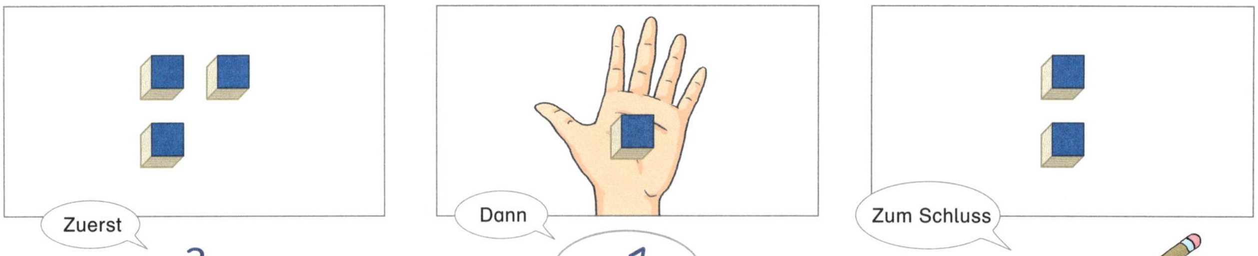

3 – 1 = ___

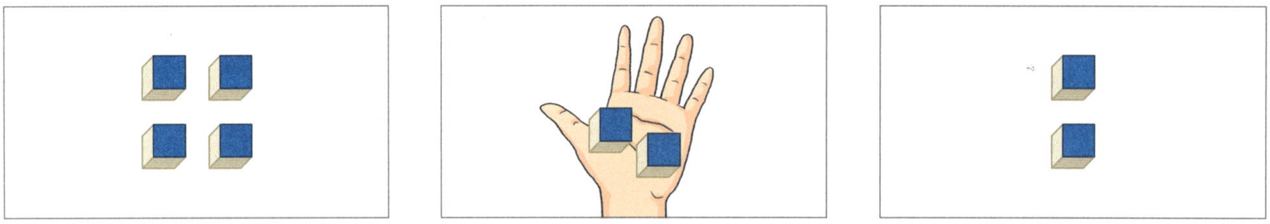

___ – ___ = ___

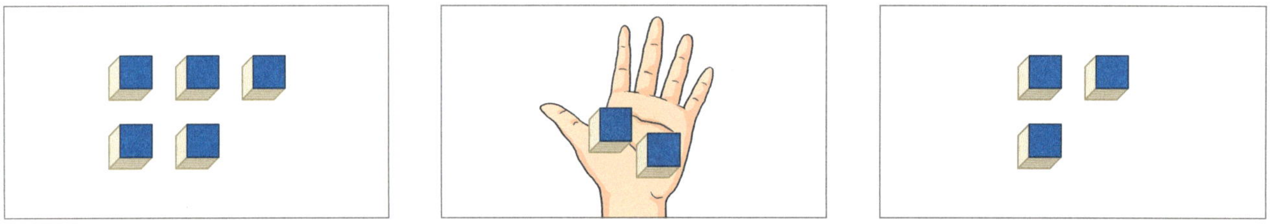

___ – ___ = ___

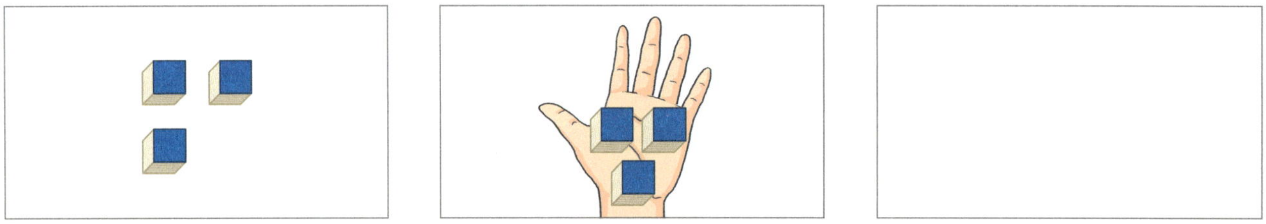

___ – ___ = ___

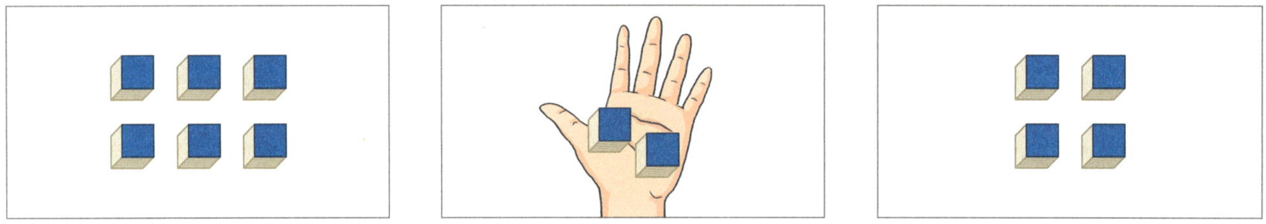

___ – ___ = ___

2 Mehr oder weniger? Schreibe die **Plus-** oder **Minus**aufgabe.

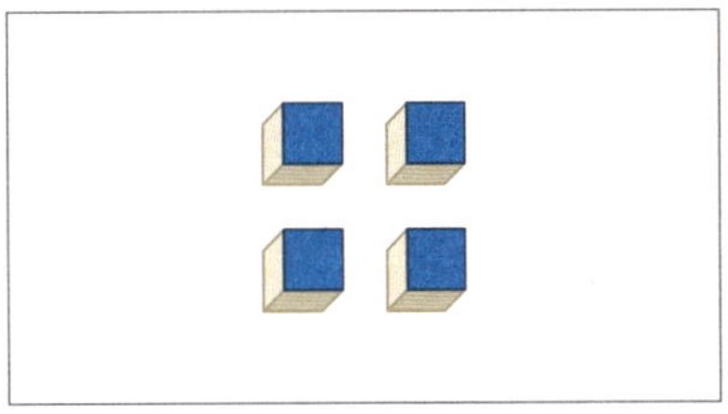 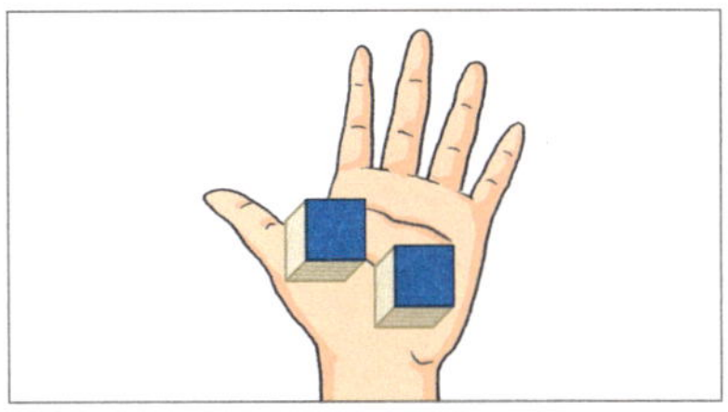 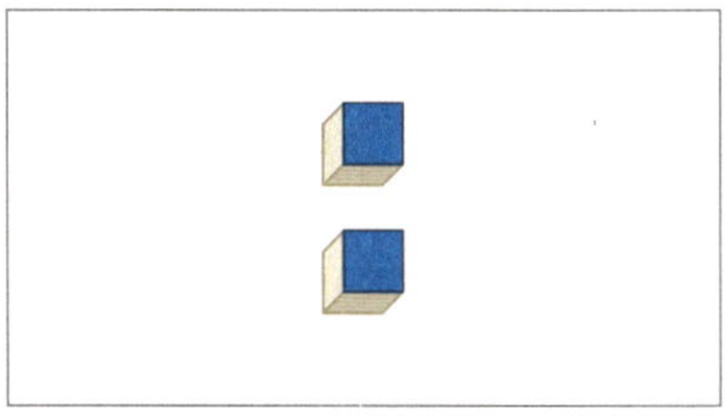

4   – 2   = ___

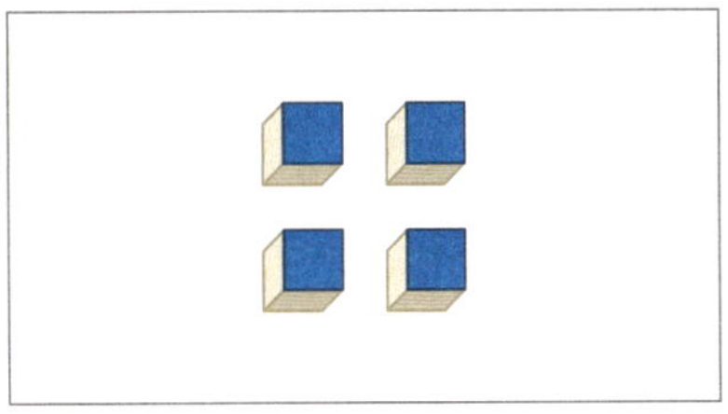 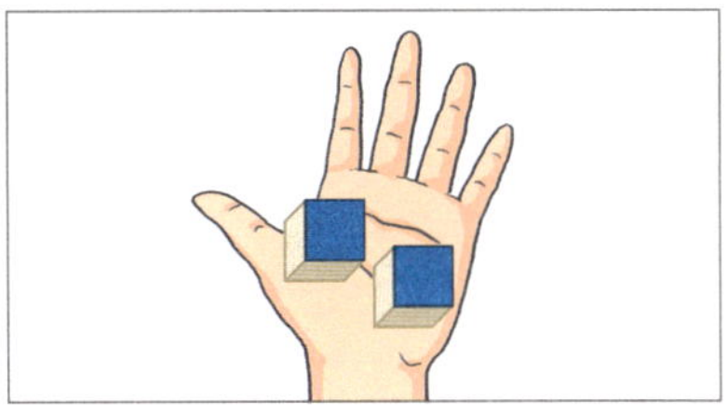 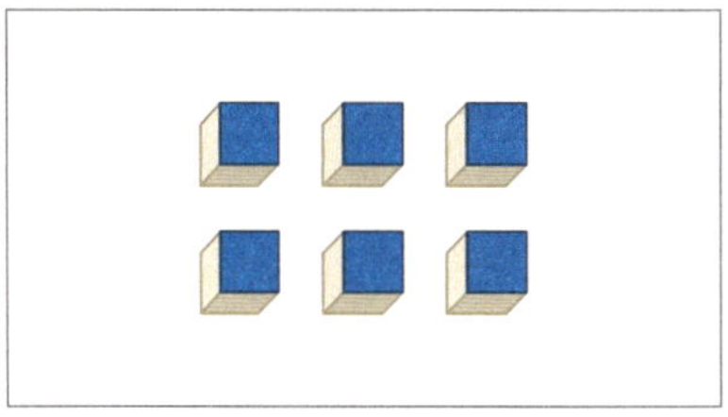

___   ___   = ___

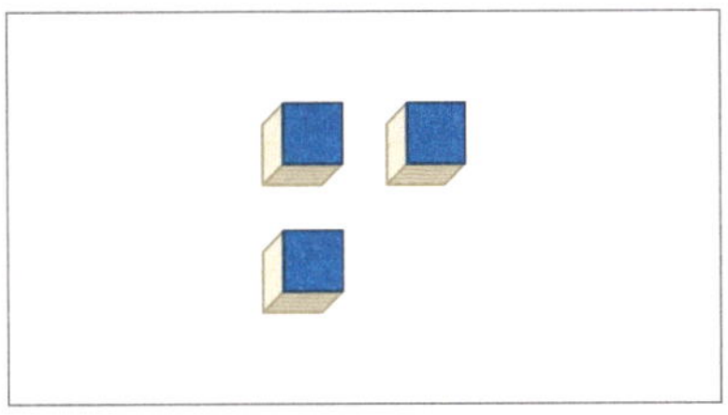 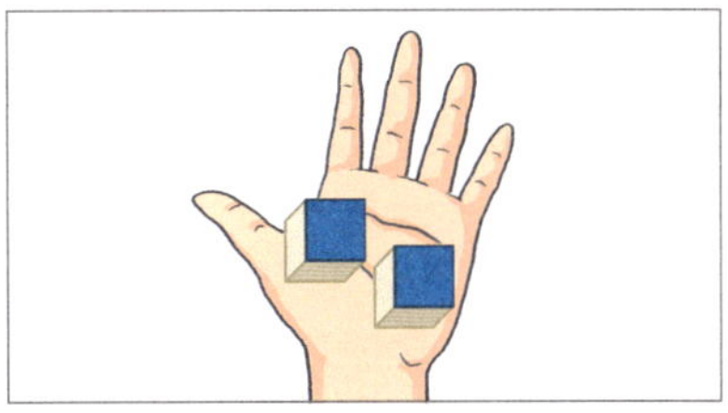 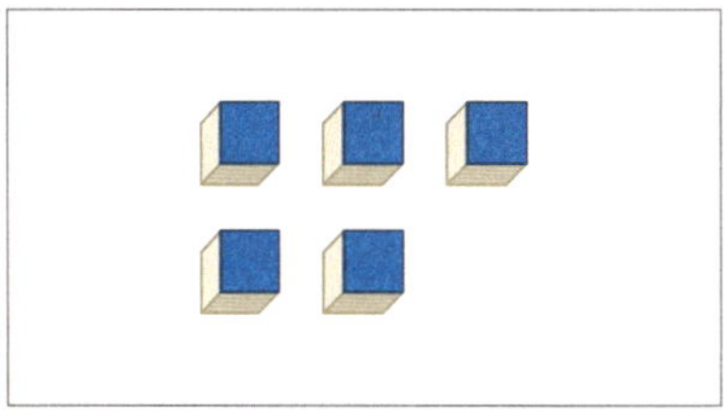

___   ___   = ___

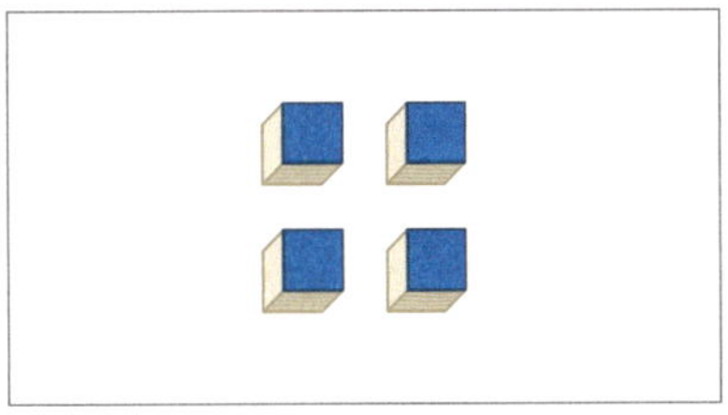 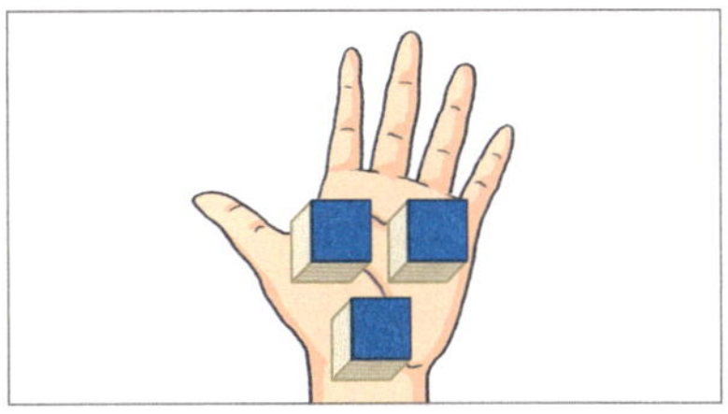 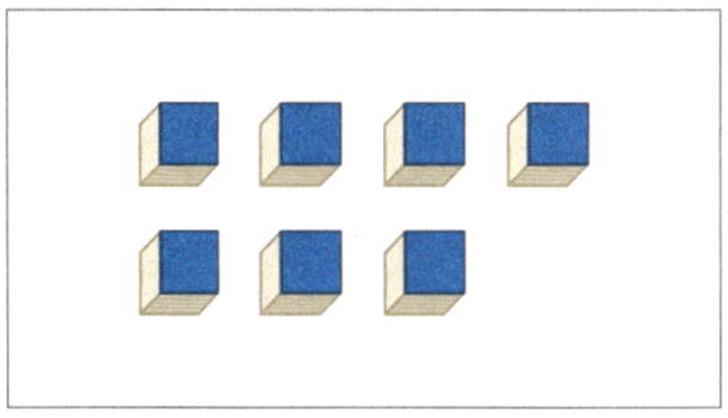

___   ___   = ___

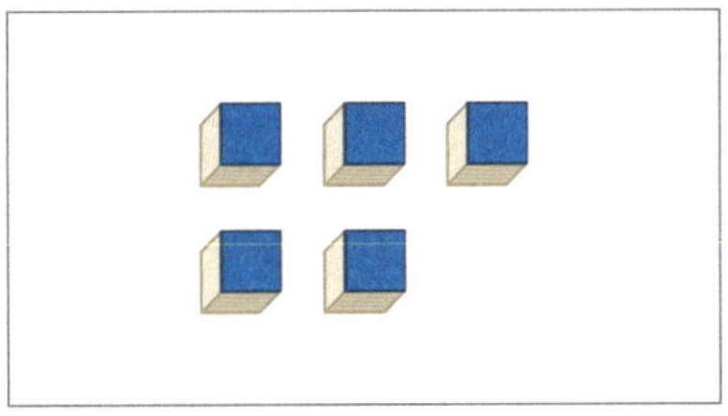 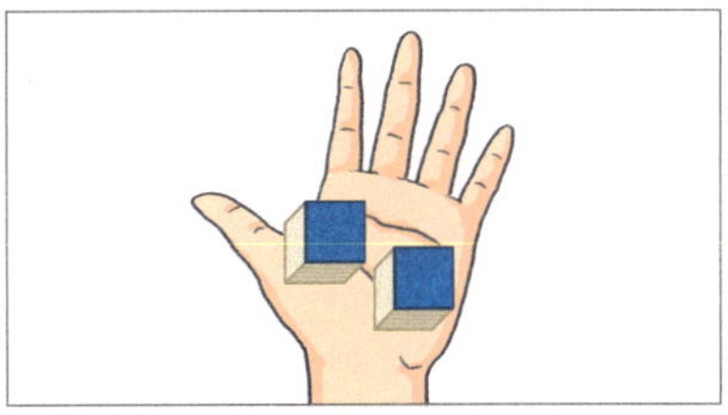 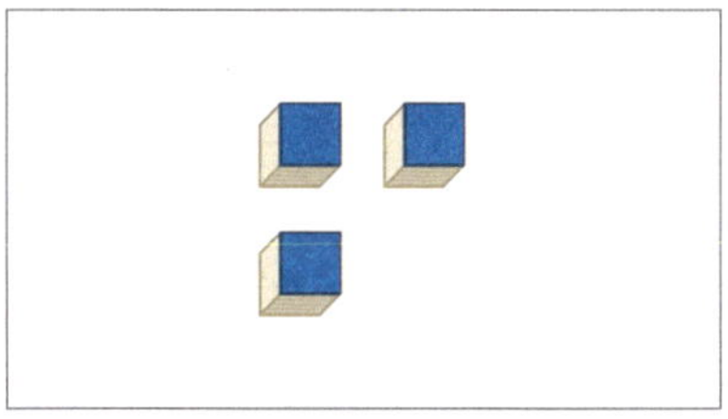

___   ___   = ___

1 Zeige mit deinen Fingern. Schreibe die Aufgabe und rechne.

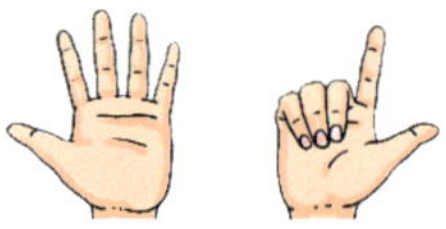

5 + 2 = ___

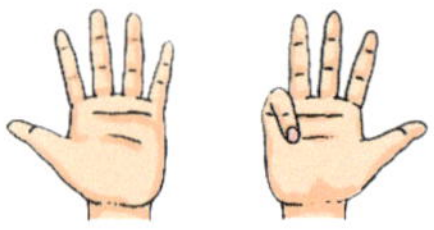

___ + ___ = ___

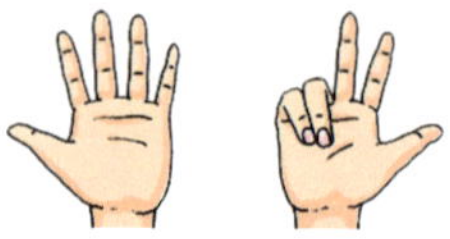

___ + ___ = ___

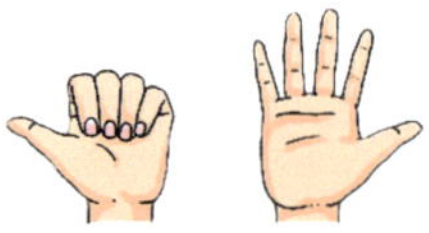

___ + ___ = ___

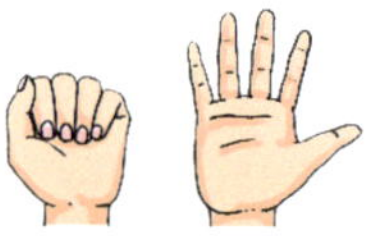

___ + ___ = ___

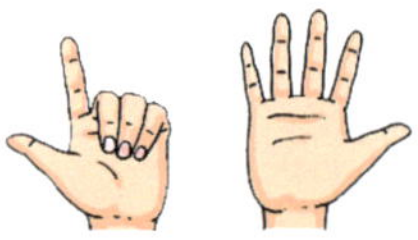

___ + ___ = ___

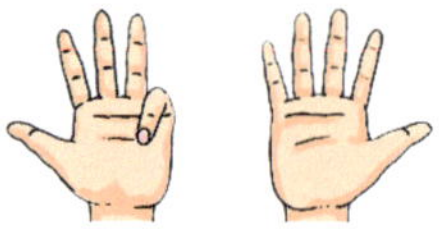

___ + ___ = ___

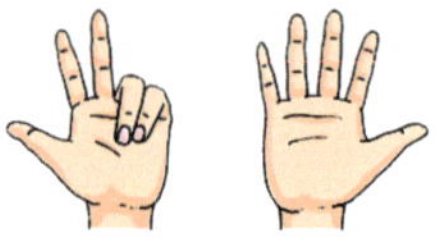

___ + ___ = ___

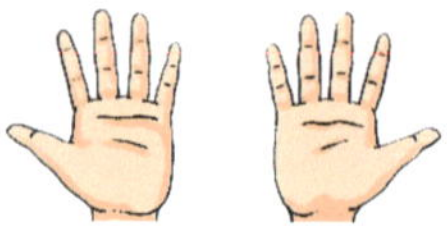

___ + ___ = ___

2 Zeige mit deinen Fingern und rechne.

5 + 5 = ___	5 + 1 = ___	6 + 2 = ___
5 + 4 = ___	6 + 1 = ___	7 + 3 = ___
5 + 3 = ___	7 + 1 = ___	5 + 4 = ___
5 + 2 = ___	8 + 1 = ___	6 + 3 = ___
5 + 1 = ___	9 + 1 = ___	7 + 2 = ___

 Partnerübungen zum Thema befinden sich im Trainingsplan auf S. 92, 93.

1 Schreibe die Plusaufgabe und rechne.

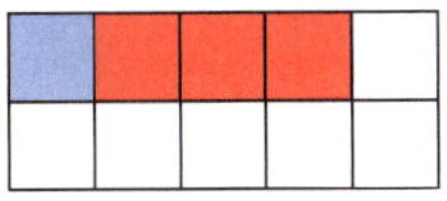

1 + 3 = ___

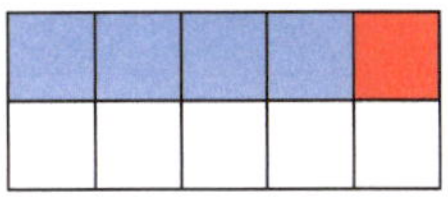

___ + ___ = ___

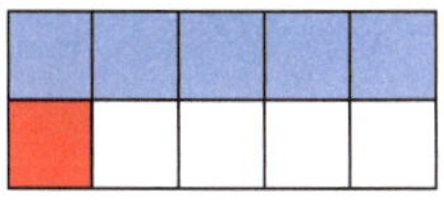

___ + ___ = ___

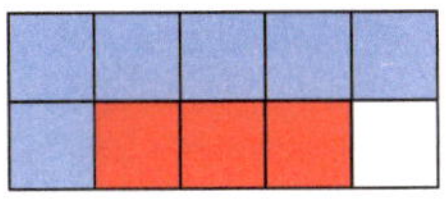

___ + ___ = ___

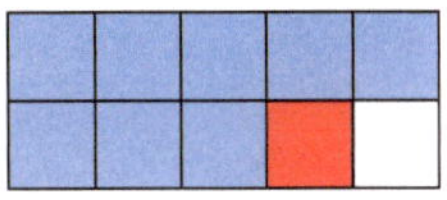

___ + ___ = ___

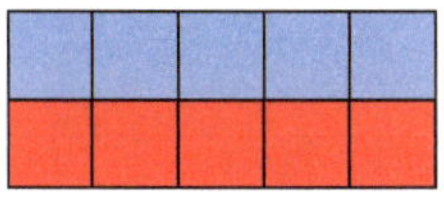

___ + ___ = ___

___ + ___ = ___

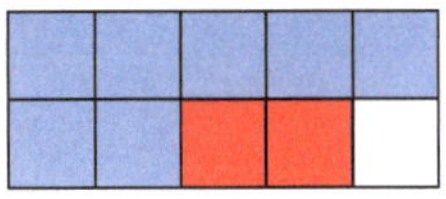

___ + ___ = ___

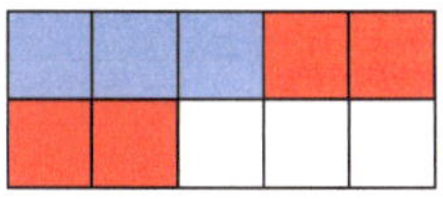

___ + ___ = ___

2 Male an und rechne.

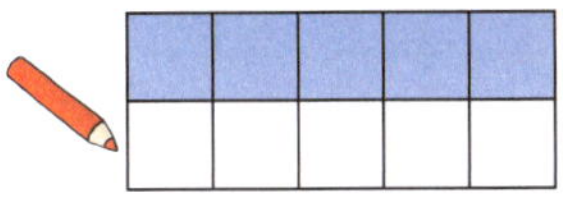

5 + 2 = ___

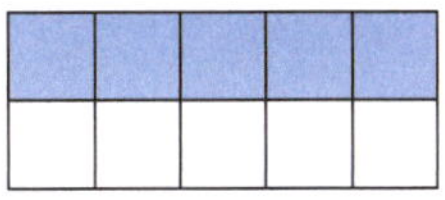

5 + 3 = ___

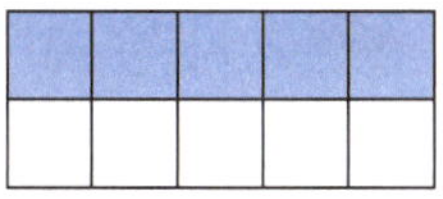

5 + 4 = ___

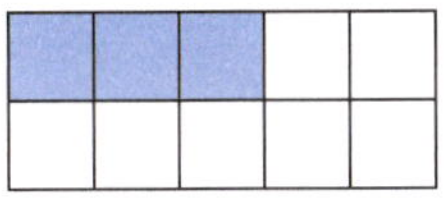

3 + 2 = ___

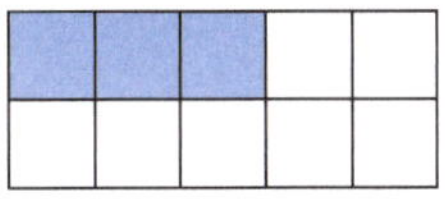

3 + 3 = ___

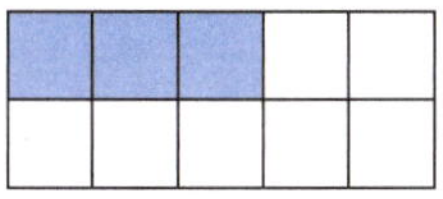

3 + 4 = ___

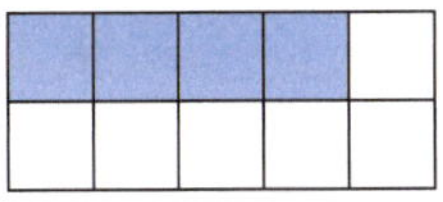

4 + 1 = ___

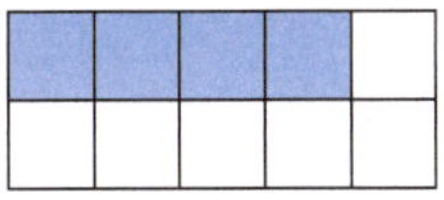

4 + 3 = ___

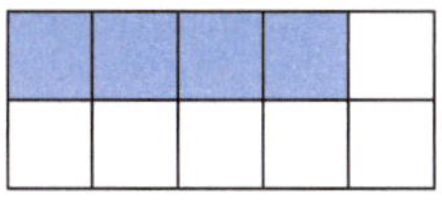

4 + 5 = ___

SB S. 46

1 Aufgabe und Tauschaufgabe: Rechne.

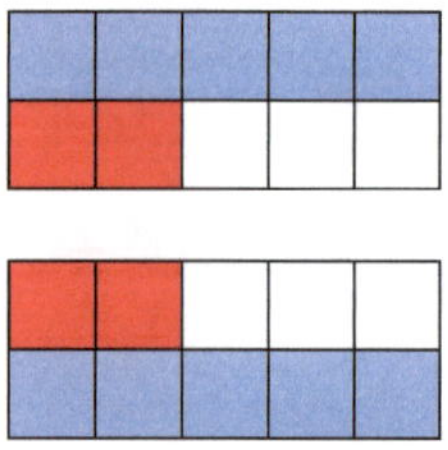

5 + 2 = ___

___ + ___ = ___

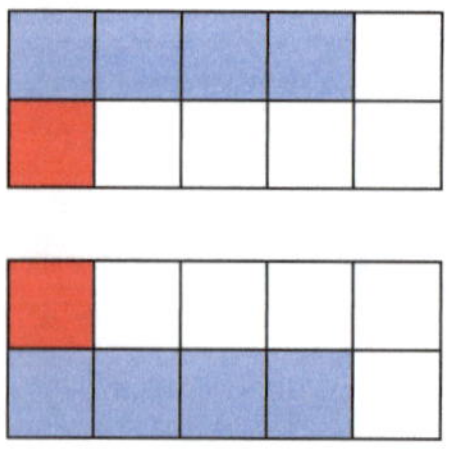

___ + ___ = ___

___ + ___ = ___

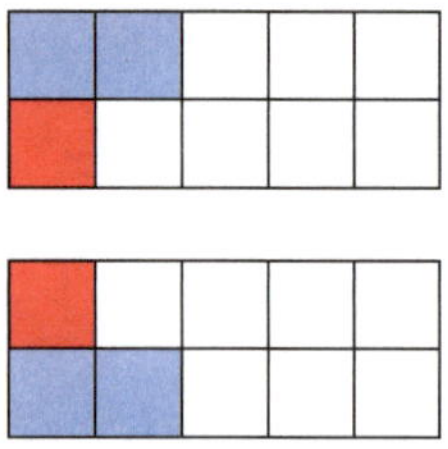

___ + ___ = ___

___ + ___ = ___

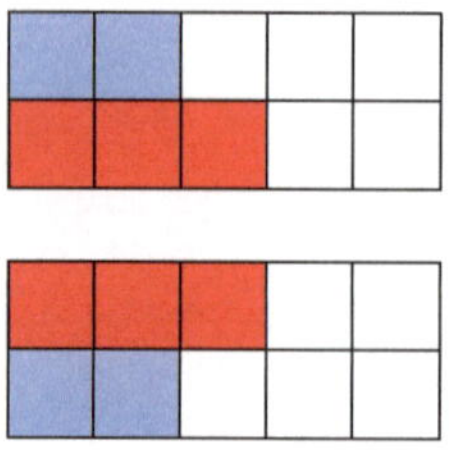

___ + ___ = ___

___ + ___ = ___

2 Aufgabe und Tauschaufgabe: Male an und rechne.

5 + 1 = ___

1 + 5 = ___

1 + 3 = ___

3 + 1 = ___

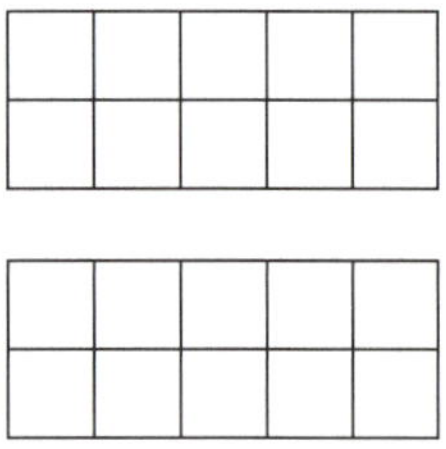

5 + 3 = ___

3 + 5 = ___

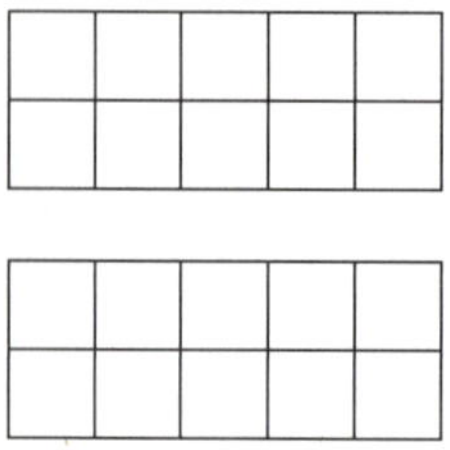

1 + 4 = ___

4 + 1 = ___

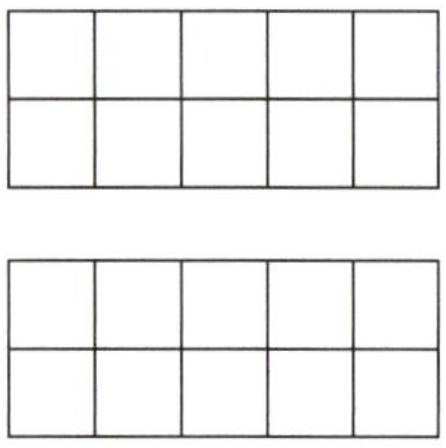

5 + 4 = ___

4 + 5 = ___

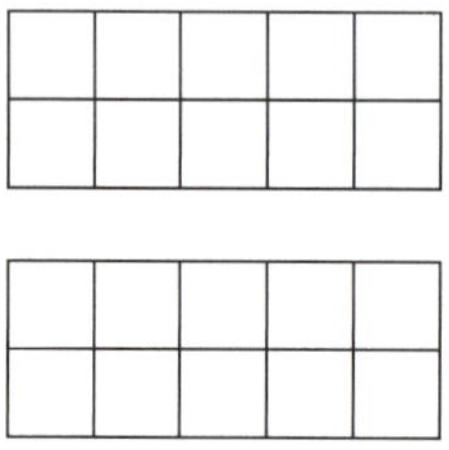

2 + 5 = ___

5 + 2 = ___

Das kann ich jetzt! 2

1 Zahlen zerlegen

2 Aufgaben zu Bildern notieren

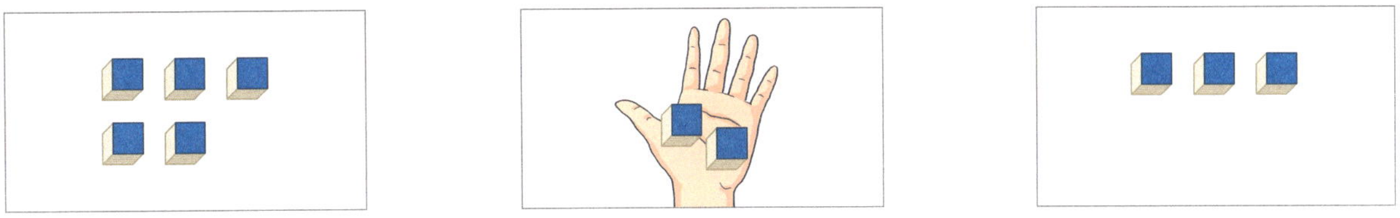

___ (___) = ___

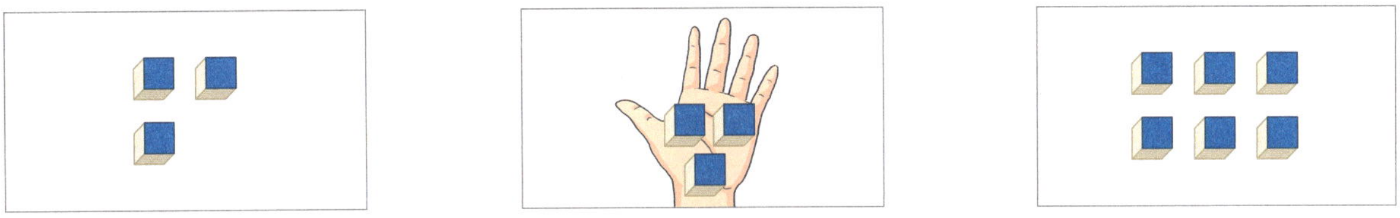

___ (___) = ___

3 Plusaufgaben lösen

5 + 4 = ___ 5 + 5 = ___ 3 + 5 = ___

3 + 2 = ___ 8 + 1 = ___ 1 + 4 = ___

4 Tauschaufgaben bilden und lösen

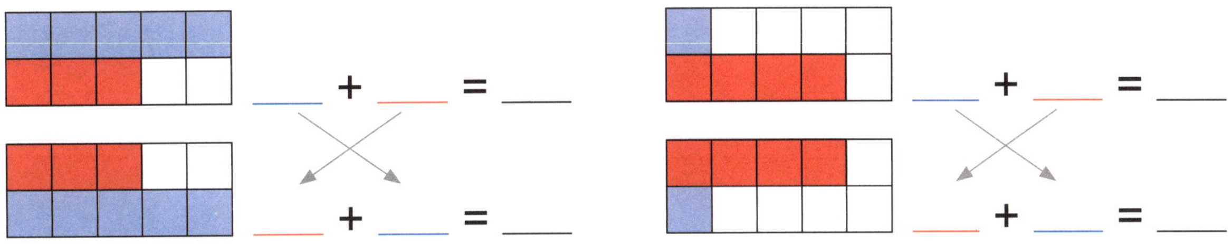

___ + ___ = ___ ___ + ___ = ___

___ + ___ = ___ ___ + ___ = ___

1 Zeige mit deinen Fingern. Streiche weg und rechne.

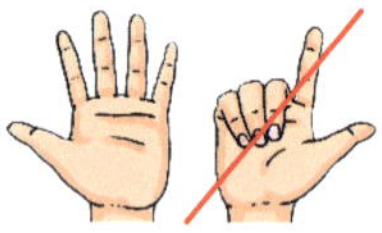

7 – 2 = ___

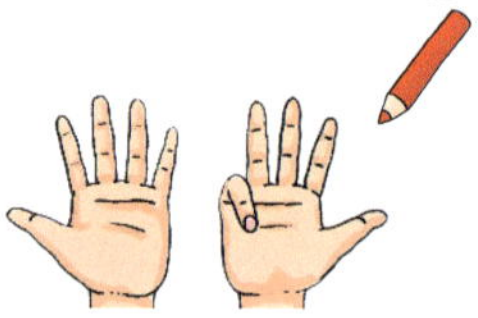

9 – 4 = ___

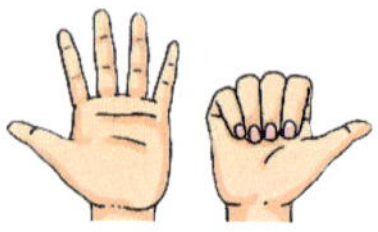

6 – 1 = ___

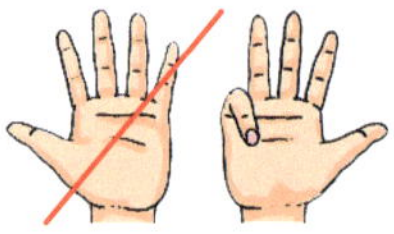

9 – 5 = ___

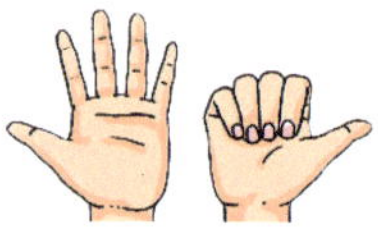

6 – 5 = ___

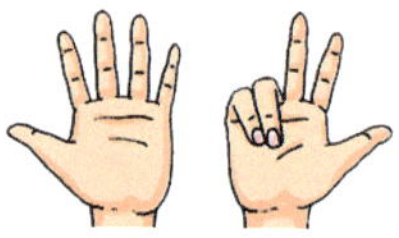

8 – 5 = ___

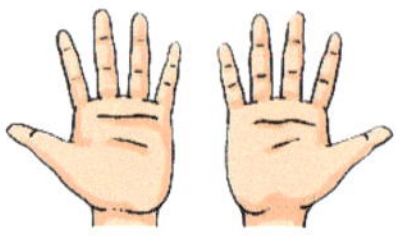

10 – 5 = ___

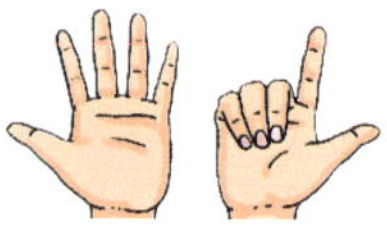

7 – 5 = ___

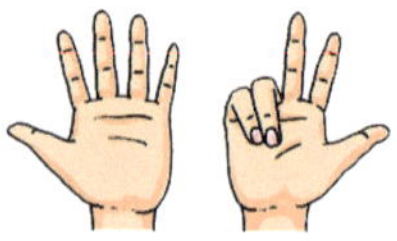

8 – 3 = ___

2 Zeige mit deinen Fingern und rechne.

9 – 5 = ___	5 – 4 = ___	10 – 5 = ___
8 – 5 = ___	5 – 3 = ___	10 – 1 = ___
7 – 5 = ___	5 – 1 = ___	10 – 3 = ___
6 – 5 = ___	5 – 5 = ___	10 – 4 = ___
5 – 5 = ___	5 – 2 = ___	10 – 2 = ___

 Partnerübungen zum Thema befinden sich im Trainingsplan auf S. 92, 93.

 SB S. 50, 51

1 Schreibe die Minusaufgabe und rechne.

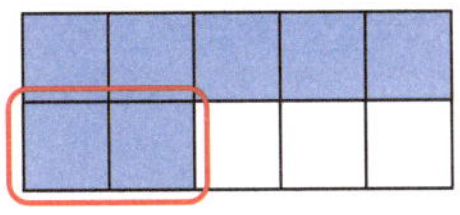

7 – 2 = ___

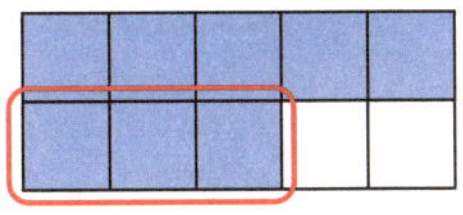

8 – ___ = ___

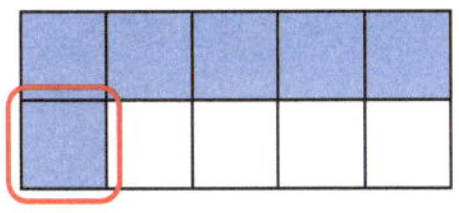

6 – ___ = ___

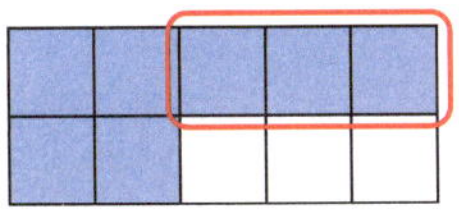

7 – ___ = ___

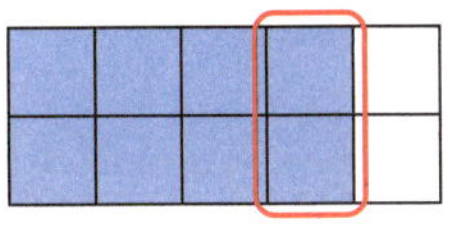

8 – ___ = ___

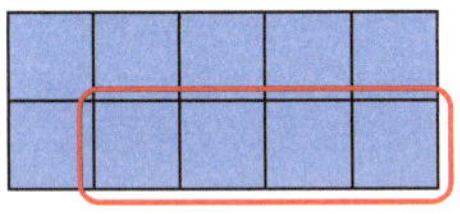

10 – ___ = ___

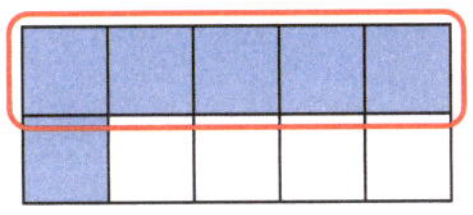

6 – ___ = ___

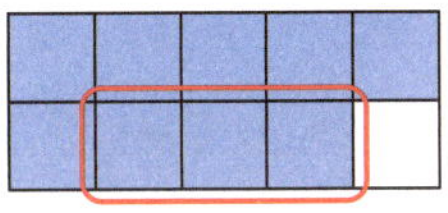

9 – ___ = ___

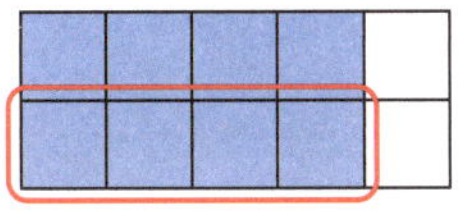

8 – ___ = ___

2 Kreise ein und rechne.

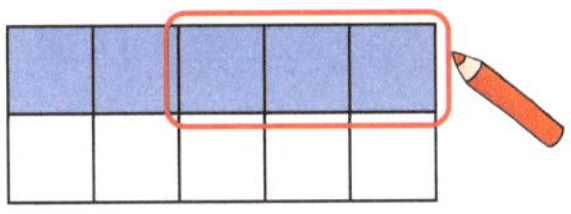

5 – 3 = ___

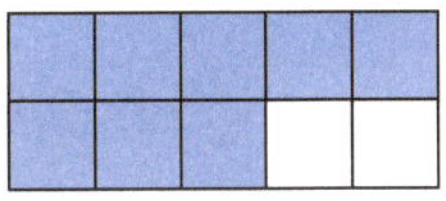

8 – 5 = ___

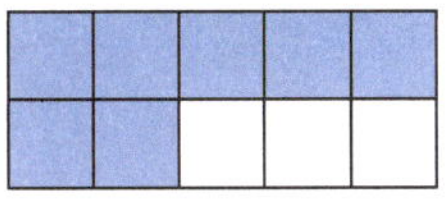

7 – 2 = ___

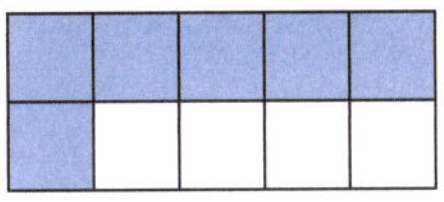

6 – 2 = ___

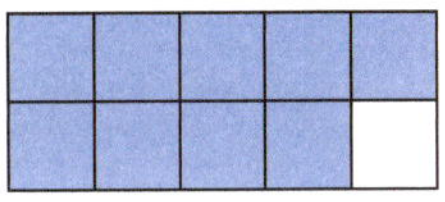

9 – 4 = ___

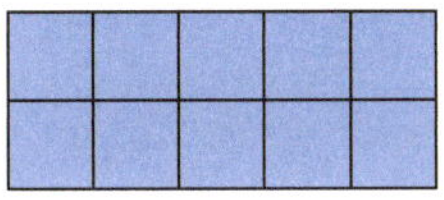

10 – 2 = ___

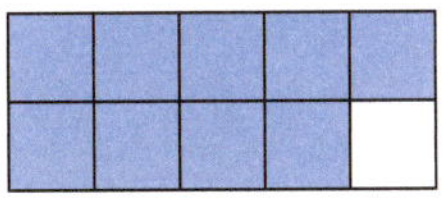

9 – 6 = ___

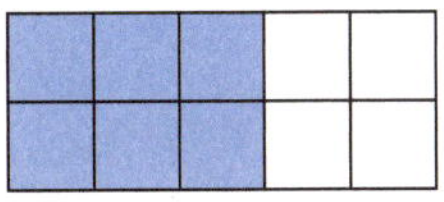

6 – 2 = ___

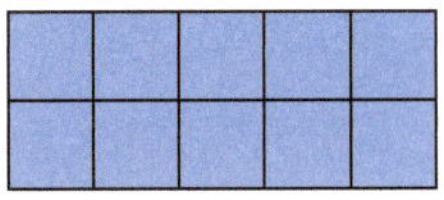

10 – 8 = ___

1 Plus oder minus? Schreibe die passende Rechnung.

3 + 3 = ___

___ ___ = ___

___ ___ = ___

___ ___ = ___

2 Plus oder minus? Schreibe die passende Rechnung.

___ (___) ___ = ___

___ (___) ___ = ___

___ (___) ___ = ___

___ (___) ___ = ___

1 Welche Aufgabe passt? Verbinde und rechne.

4 + 1 = ___ 3 + 2 = ___ 2 + 2 = ___

2 Welche Aufgabe passt? Verbinde und rechne.

2 + 5 = ___ 3 + 3 = ___ 4 + 2 = ___

Umkehraufgaben

SB S. 56, 57

1 Rechne Aufgabe und Umkehraufgabe.

10 − 3 = ___

___ + 3 = ___

10 − 2 = ___

___ + 2 = ___

10 − 9 = ___

___ + 9 = ___

2 Aufgabe und Umkehraufgabe:
Lege oder zeige mit deinen Fingern. Rechne.

8 − 5 = ___

___ + 5 = ___

9 − 4 = ___

___ + 4 = ___

5 − 2 = ___

___ + 2 = ___

6 − 5 = ___

___ + 5 = ___

5 − 4 = ___

___ + 4 = ___

7 − 2 = ___

___ + 2 = ___

8 − 2 = ___

___ + 2 = ___

6 − 1 = ___

___ + 1 = ___

8 − 3 = ___

___ + 3 = ___

8 − 1 = ___

___ + 1 = ___

7 − 5 = ___

___ + 5 = ___

9 − 2 = ___

___ + 2 = ___

3 Zahlen – 4 Aufgaben

4	2	6

4 + 2 = 6
2 + 4 =
6 – 2 =
6 – 4 =

5	1	6

5 + 1 =
1 + 5 =
6 – 1 =
6 – 5 =

3	2	5

3 + 2 =
2 + 3 =
5 – 2 =
5 – 3 =

4	5	1

4 + 1 =
1 + 4 =
5 – 1 =
5 – 4 =

5	7	2

5 + 2 =
2 + 5 =
7 – 2 =
7 – 5 =

2	8	6

2 + 6 =
6 + 2 =
8 – 2 =
8 – 6 =

6	1	7

6 + =
1 + =
7 – =
7 – =

3	5	8

3 + =
5 + =
8 – =
8 – =

3	4	1

3 + =
1 + =
4 – =
4 – =

1 Schreibe die fehlende Zahl.

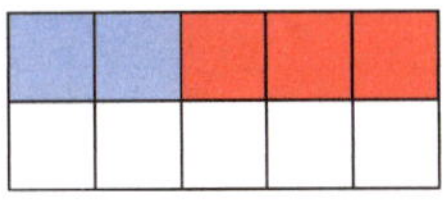

2 + ___ = 5

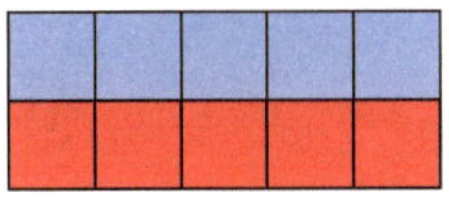

5 + ___ = 10

6 + ___ = 9

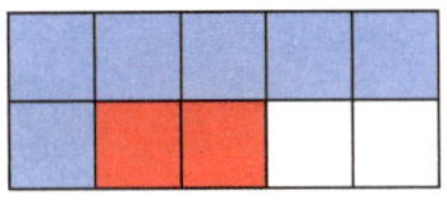

6 + ___ = 8

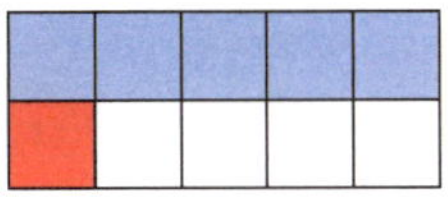

5 + ___ = 6

5 + ___ = 8

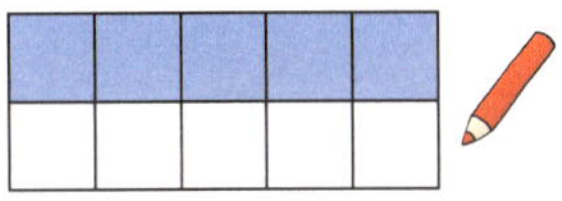

5 + ___ = 9

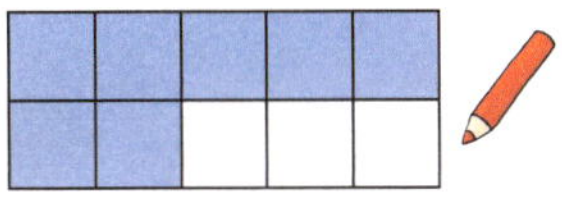

7 + ___ = 10

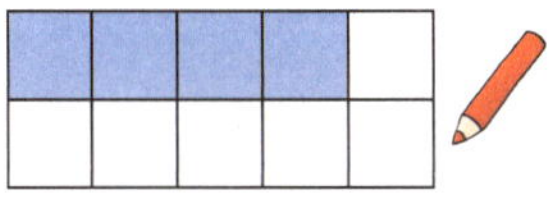

4 + ___ = 8

2 Schreibe die fehlende Zahl.

7 − ___ = 2

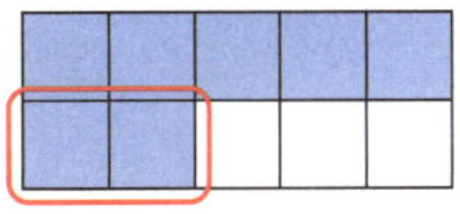

7 − ___ = 5

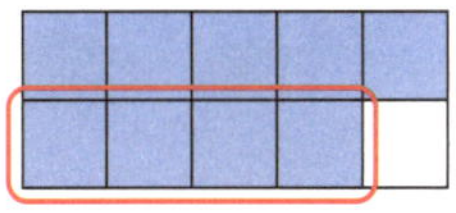

9 − ___ = 5

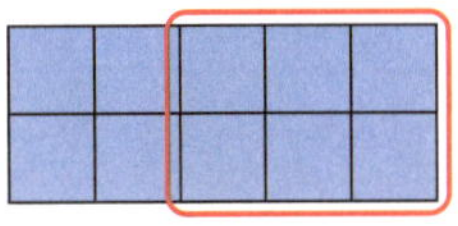

10 − ___ = 4

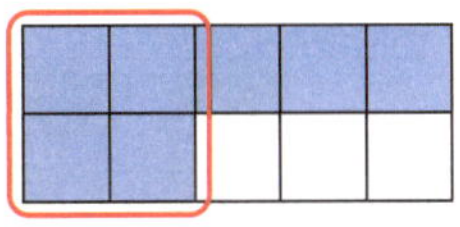

7 − ___ = 3

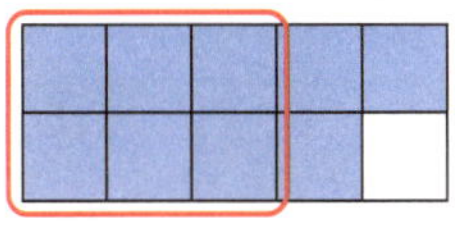

9 − ___ = 3

8 − ___ = 5

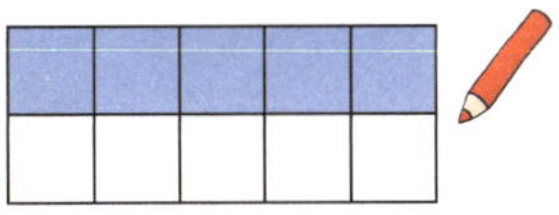

5 − ___ = 4

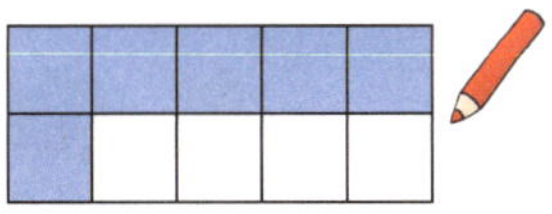

6 − ___ = 1

Platzhalteraufgaben

1 Ergänze zur 10.

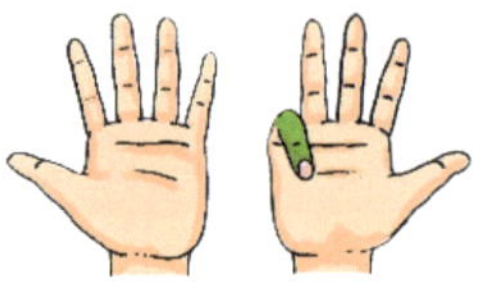
9 + 1 = 10

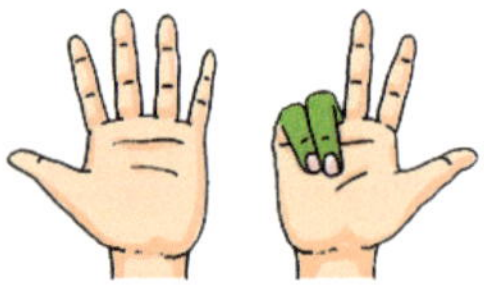
8 + ___ = 10

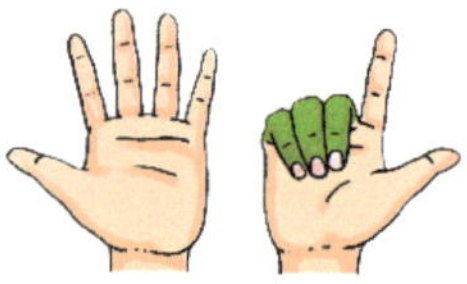
7 + ___ = 10

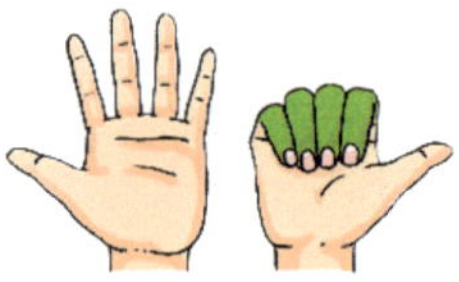
6 + ___ = 10

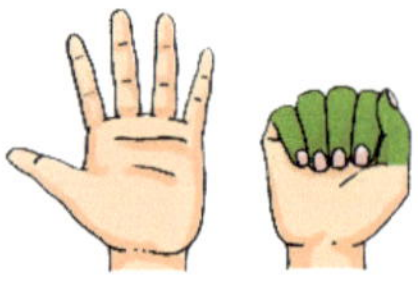
5 + ___ = 10

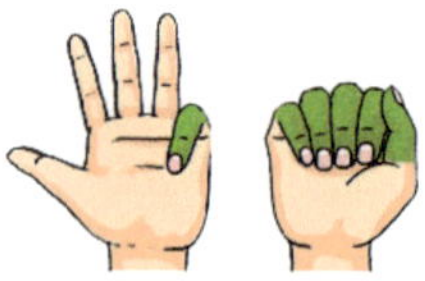
4 + ___ = 10

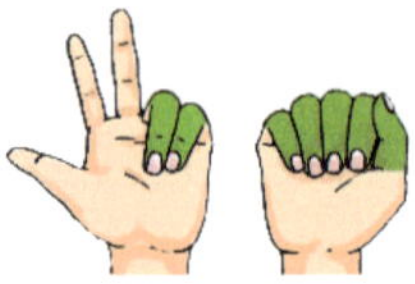
3 + ___ = 10

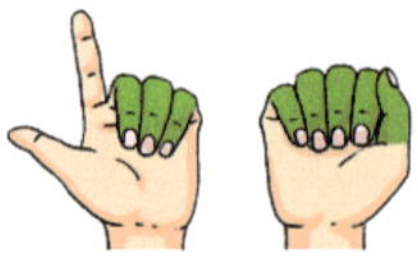
2 + ___ = 10

1 + ___ = 10

2 Schreibe die Partneraufgaben auf.

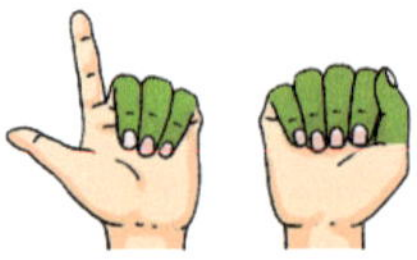
___ + ___ = 10

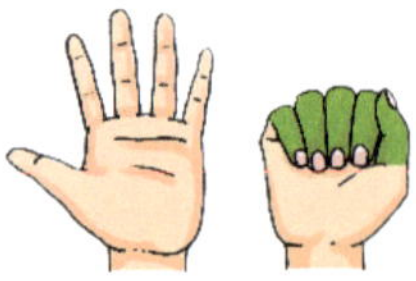
___ + ___ = 10

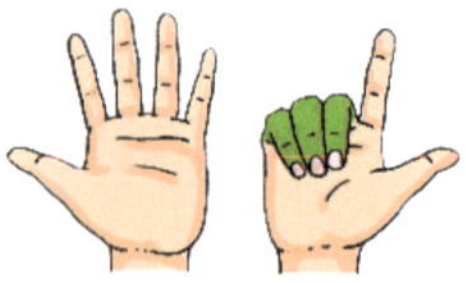
___ + ___ = 10

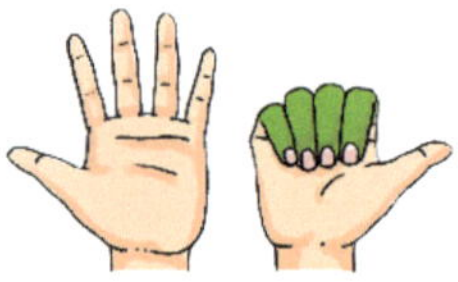
___ + ___ = 10

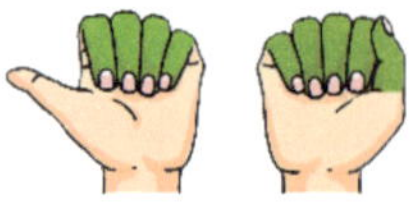
___ + ___ = 10

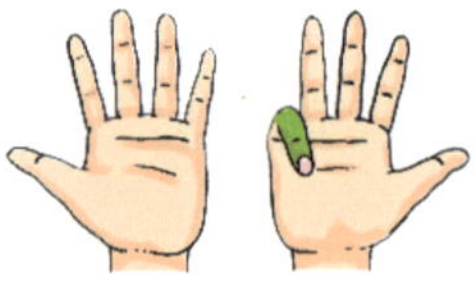
___ + ___ = 10

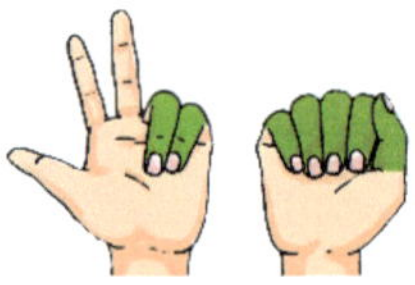
___ + ___ = 10

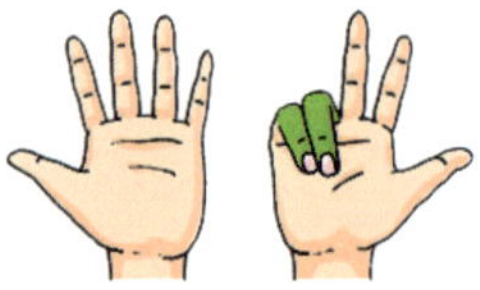
___ + ___ = 10

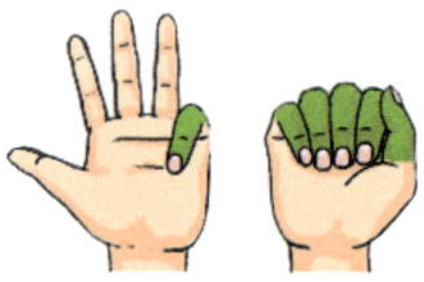
___ + ___ = 10

Partnerübungen zum Thema befinden sich im Trainingsplan auf S. 92, 93.

Das kann ich jetzt! 3

1 Minusaufgaben lösen

9 – 5 = ___ 8 – 2 = ___ 5 – 2 = ___ 10 – 8 = ___

7 – 1 = ___ 6 – 5 = ___ 9 – 3 = ___ 10 – 3 = ___

2 Aufgaben zu Bildern notieren

4 + ___ = ___

4 + ___ = ___

3 + ___ = ___

3 Umkehraufgaben bilden und lösen

7 – 2 = ___
___ + ___ = ___

8 – 5 = ___
___ + ___ = ___

10 – 6 = ___
___ + ___ = ___

4 Platzhalteraufgaben lösen

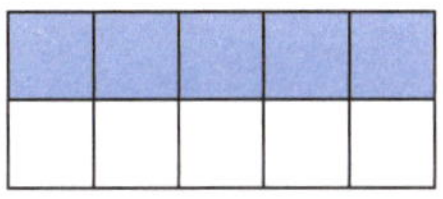

5 + ___ = 7

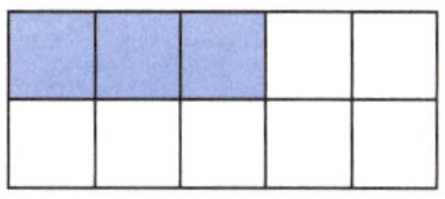

3 + ___ = 5

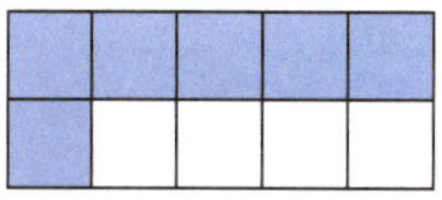

6 + ___ = 10

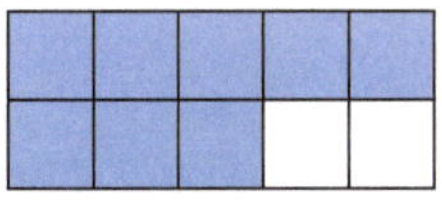

8 – ___ = 3

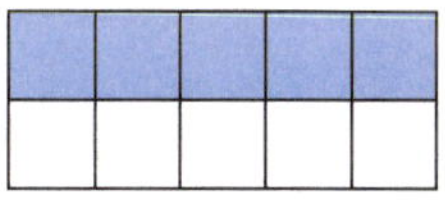

5 – ___ = 1

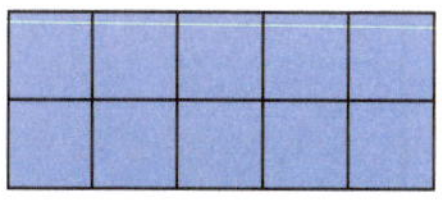

10 – ___ = 8

Geometrische Formen erkennen

SB S. 62, 63

1 Spure nach. Kreis

2 Spure nach. Dreieck

3 Spure nach. Viereck

Figuren auslegen

SB S. 66, 67

1 Lege aus.

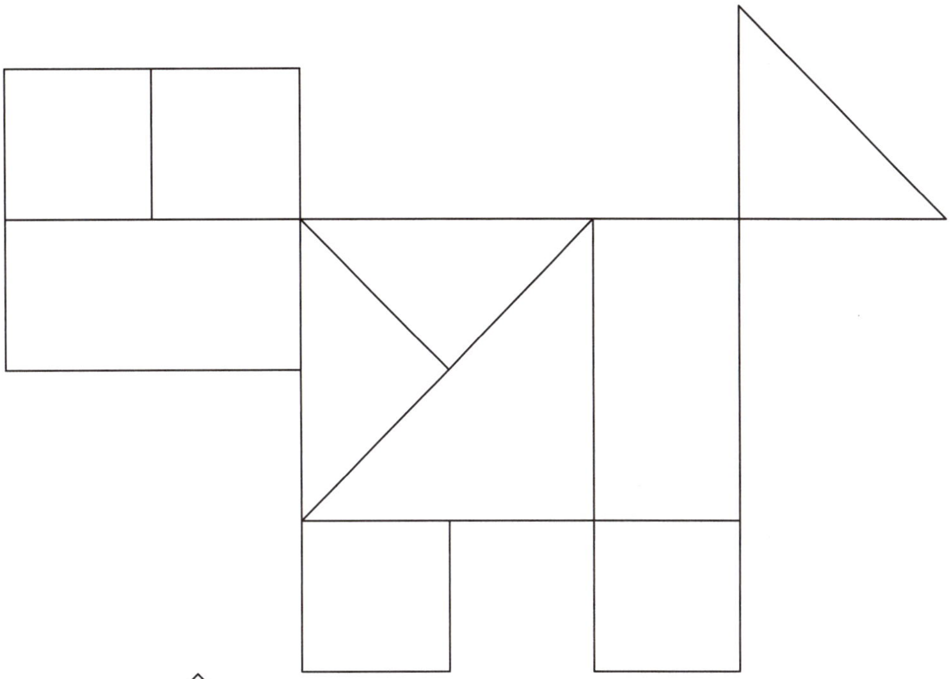

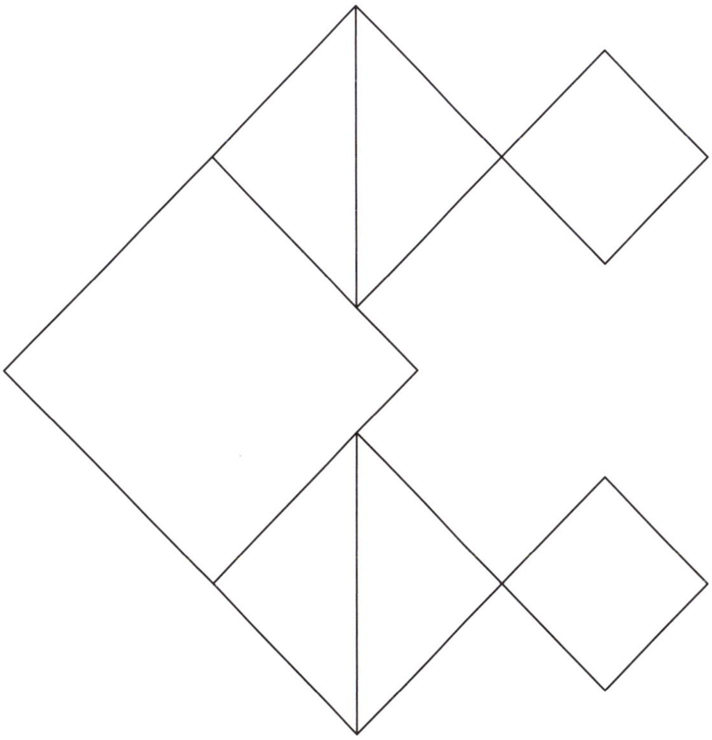

Muster erkennen und fortsetzen

SB S. 68, 69

1 Setze das Muster fort.

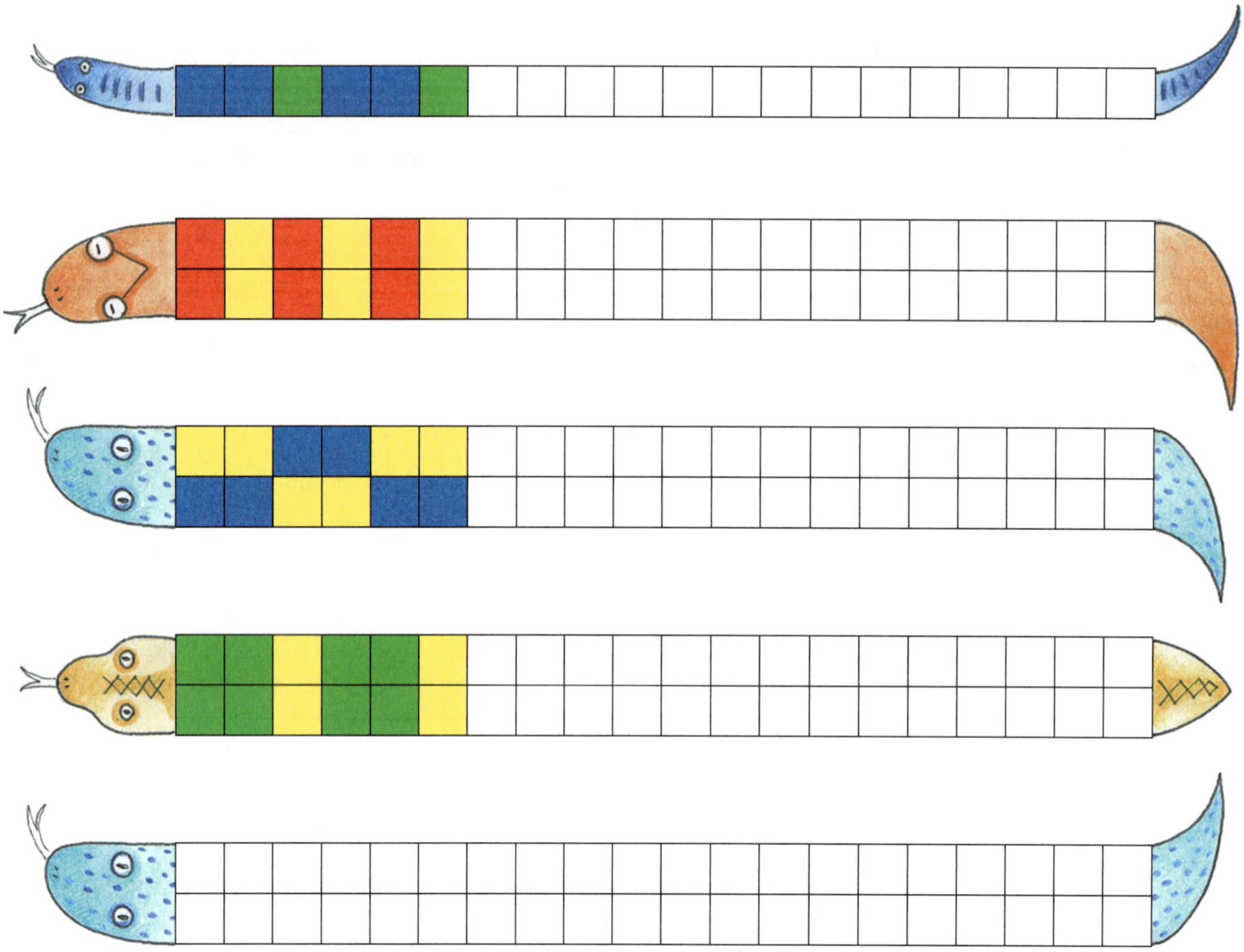

2 Male mit zwei Farben.

Lege oder zeige mit deinen Fingern und rechne.

1

2 + 3 = ____	4 + 3 = ____	4 + 4 = ____
2 + 4 = ____	5 + 3 = ____	3 + 4 = ____
2 + 5 = ____	6 + 3 = ____	2 + 4 = ____
2 + 6 = ____	7 + 3 = ____	1 + 4 = ____

2

4 + 6 = ____	7 + 3 = ____	6 + 4 = ____
9 + 1 = ____	5 + 5 = ____	1 + 9 = ____
8 + 2 = ____	2 + 8 = ____	3 + 7 = ____

3

8 – 1 = ____	9 – 2 = ____	4 – 3 = ____
8 – 7 = ____	9 – 3 = ____	6 – 3 = ____
8 – 5 = ____	9 – 6 = ____	7 – 3 = ____
8 – 3 = ____	9 – 4 = ____	5 – 3 = ____

4

10 – 4 = ____	10 – 5 = ____	10 – 9 = ____
10 – 7 = ____	10 – 2 = ____	10 – 6 = ____
10 – 1 = ____	10 – 3 = ____	10 – 8 = ____

SB S. 72, 73

1 Lege nach und schreibe die Zahlen.

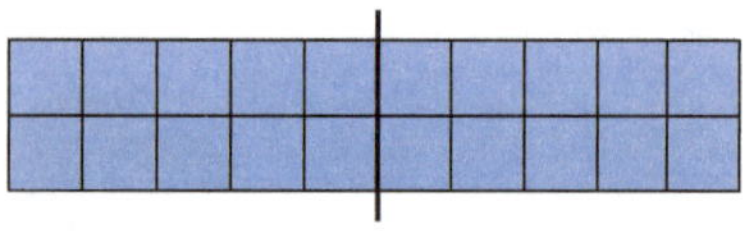

20

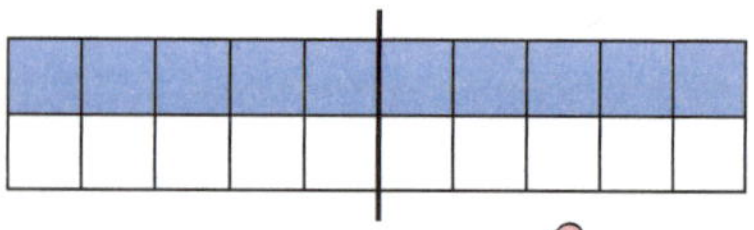

___

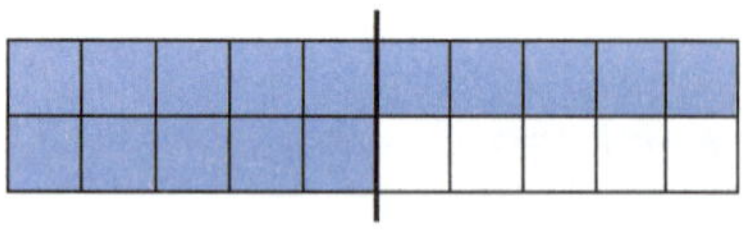

___

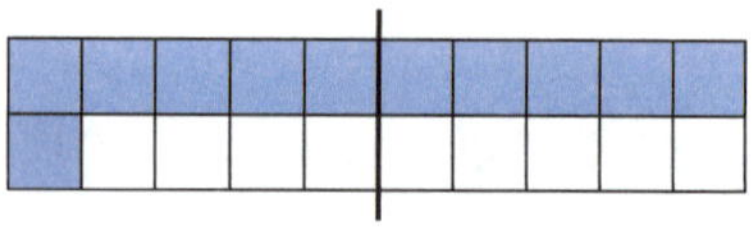

___

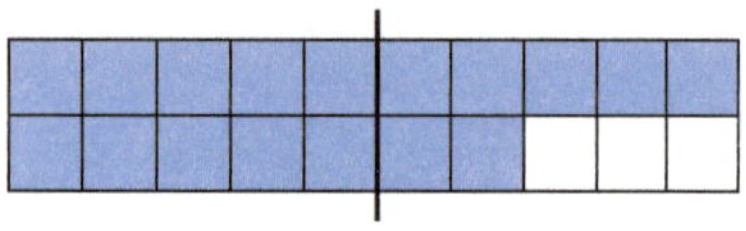

___

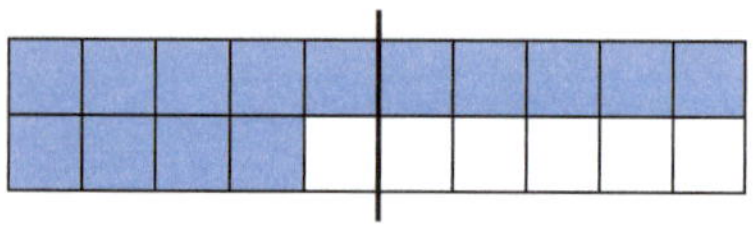

___

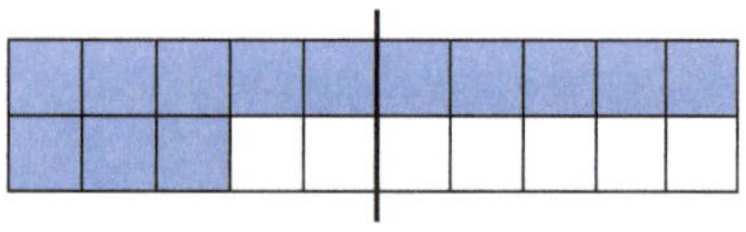

___

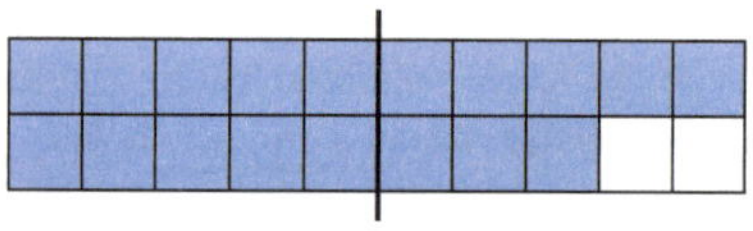

___

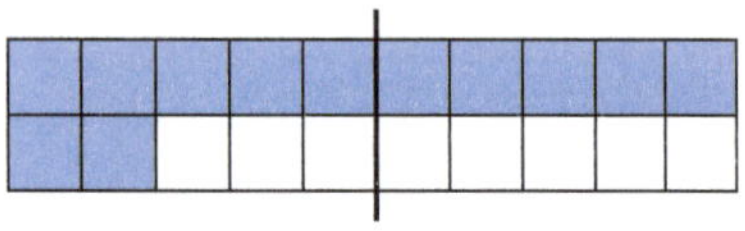

___

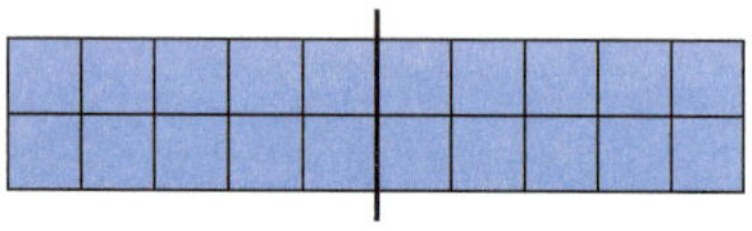

___

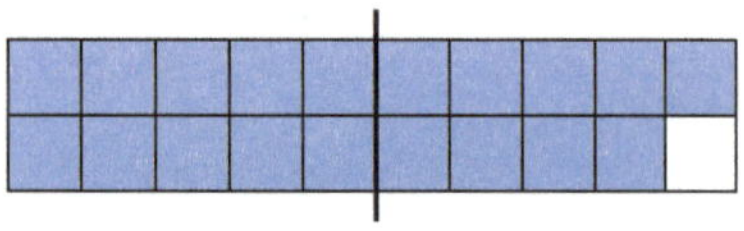

___

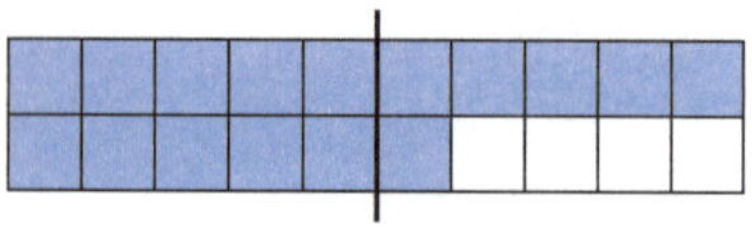

___

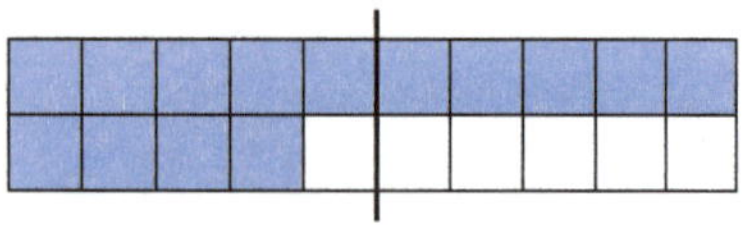

___

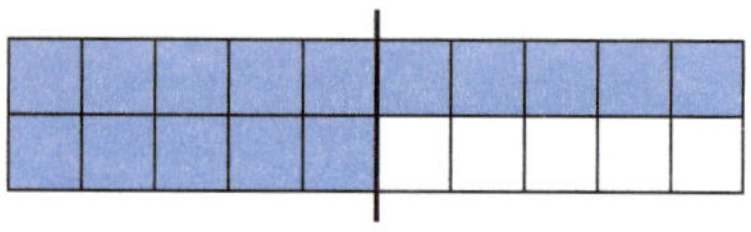

___

Beilage zum Schülerbuch: Zehnerstreifen und Plättchen

2 Lege mit den Zahlenkarten und schreibe.

1 0	1	→	1 1	10 + 1 = ___
1 0	2	→		___ + ___ = ___
1 0	3	→		___ + ___ = ___
1 0	4	→		___ + ___ = ___
1 0	5	→		___ + ___ = ___
1 0	6	→		___ + ___ = ___
1 0	7	→		___ + ___ = ___
1 0	8	→		___ + ___ = ___
1 0	9	→		___ + ___ = ___
2 0	0	→		___ + ___ = ___

SB S. 74

0 1 2 3 4 5 6 7 8 9 10 11 12 13 14 15 16 17 18 19 20

1 Wie heißt die größere Nachbarzahl?

15	16	8		11		17	
10		19		7		13	

2 Wie heißt die kleinere Nachbarzahl?

13	14		11		6		16
	20		8		18		13

0 1 2 3 4 5 6 7 8 9 10 11 12 13 14 15 16 17 18 19 20

3 Wie heißt die Nachbarzahl?

14	15	16		12			10	
	7			17			11	
	19			16			9	

Partnerübungen zum Thema befinden sich im Trainingsplan auf S. 92, 93.

Zahlenfolgen

SB S. 75

1 Wie geht es weiter?

→

7	8		
16			
14			
9			
10			
12			

←

		19	20
			13
			11
			15
			18
			7

2 Wie geht es weiter?

→

5	6	7								15

→

9	10	11								19

←

				14				18	19	20

←

				7				11	12	13

>	<	=
ist größer als	ist kleiner als	ist gleich

1 Vergleiche: >, <, =

15 ○ 11

7 ○ 17

17 ○ 14

12 ○ 14

13 ○ 18

16 ○ 15

12 ○ 20

19 ○ 11

13 ○ 13

16 ○ 10

15 ○ 5

18 ○ 18

Partnerübungen zum Thema befinden sich im Trainingsplan auf S. 92, 93.

2 Vergleiche: (>), (<), (=)

1 ◯ 4	6 ◯ 8	8 ◯ 10	4 ◯ 4
11 ◯ 14	16 ◯ 18	18 ◯ 20	14 ◯ 14
3 ◯ 8	7 ◯ 7	4 ◯ 7	1 ◯ 10
13 ◯ 18	17 ◯ 17	14 ◯ 17	11 ◯ 20
6 ◯ 1	8 ◯ 9	5 ◯ 8	9 ◯ 4
16 ◯ 11	18 ◯ 19	15 ◯ 18	19 ◯ 14
9 ◯ 1	2 ◯ 1	9 ◯ 9	10 ◯ 5
19 ◯ 11	12 ◯ 11	19 ◯ 19	20 ◯ 15

3 Finde die passende Zahl.

6 > 4 [4] [8] [9]

2 > ____ [3] [5] [1]

4 > ____ [6] [3] [7]

17 > ____ [18] [16] [17]

13 > ____ [14] [15] [12]

15 > ____ [14] [15] [16]

7 < ____ [8] [6] [4]

6 < ____ [1] [5] [9]

8 < ____ [9] [8] [7]

16 < ____ [15] [16] [17]

15 < ____ [18] [10] [14]

14 < ____ [11] [15] [13]

SB S. 78, 79

1 An welcher Stelle stehen die Autos?

1. ____ ____ ____ ____ ____ ____

2 An welcher Stelle stehen die Kinder?

2. ____ ____ ____ ____ ____

3 Male die Perlen an.

rot: 5. 6.

gelb: 2. 4. 7. 9.

blau: 1. 3. 8. 10.

Das kann ich jetzt! 4

1 Geometrische Formen erkennen Viereck

2 Muster fortsetzen

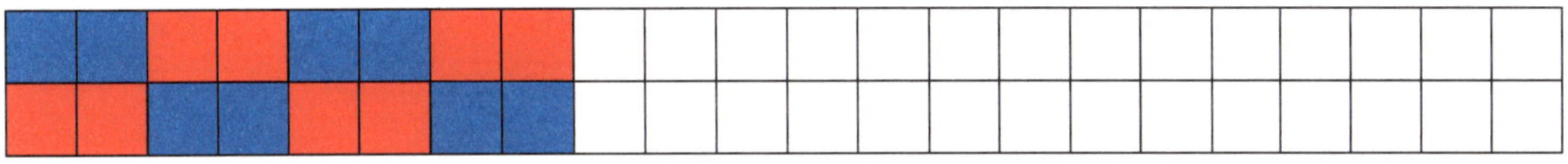

3 Zahlen darstellen

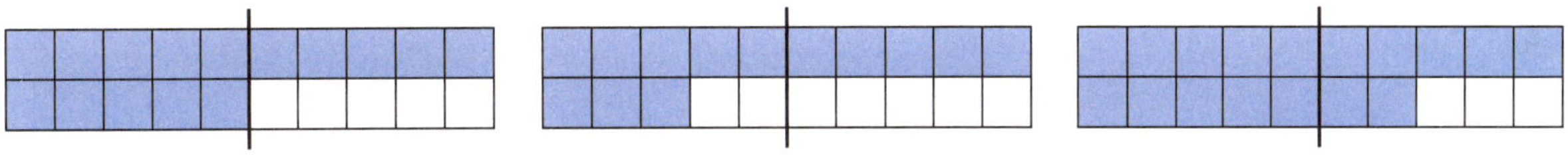

___ ___ ___

4 Nachbarzahlen benennen

5 Zahlen mit (>), (<), (=) vergleichen

4 ◯ 6	5 ◯ 5	2 ◯ 5	7 ◯ 6	3 ◯ 4
14 ◯ 16	15 ◯ 15	12 ◯ 15	17 ◯ 16	13 ◯ 14

SB S. 80, 81

1

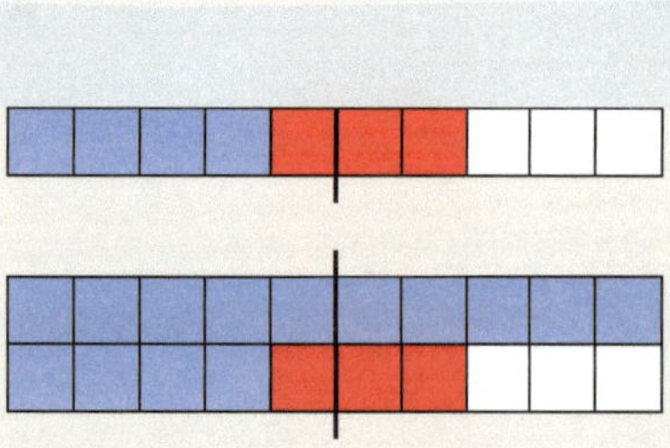

4 + 3 = 7

14 + 3 = ___

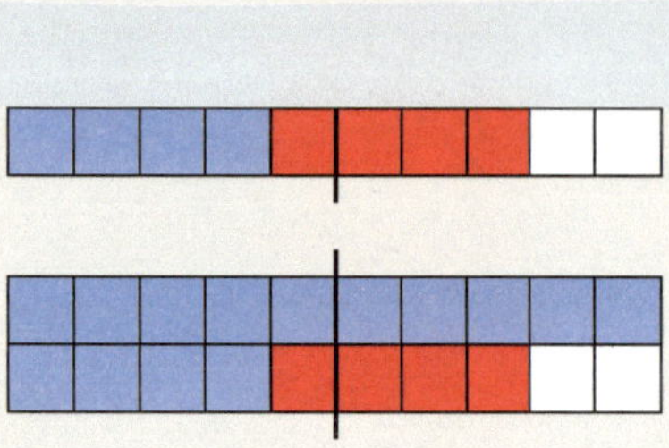

4 + 4 = ___

14 + 4 = ___

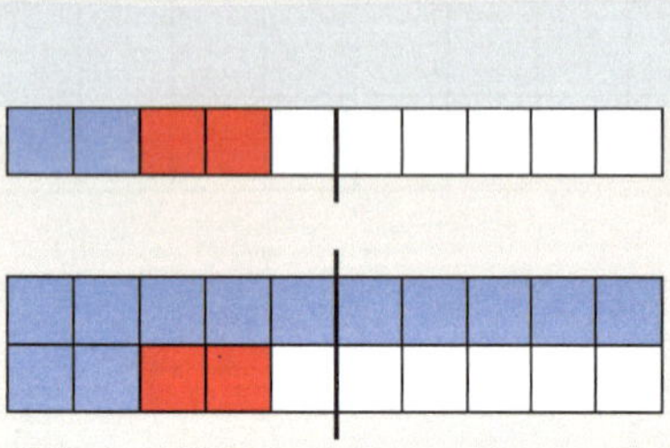

2 + 2 = ___

12 + 2 = ___

2

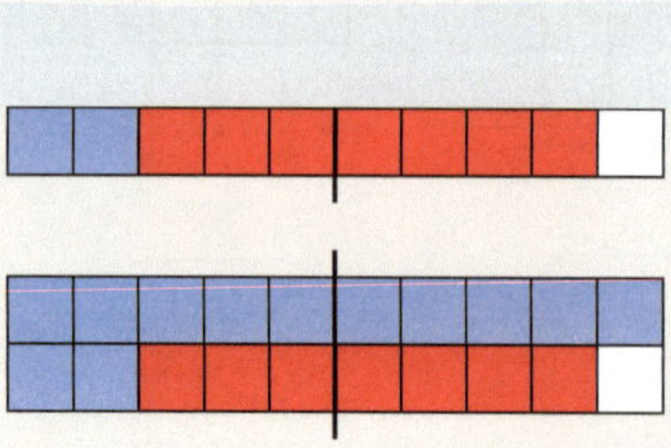

___ + ___ = ___

12 + 7 = ___

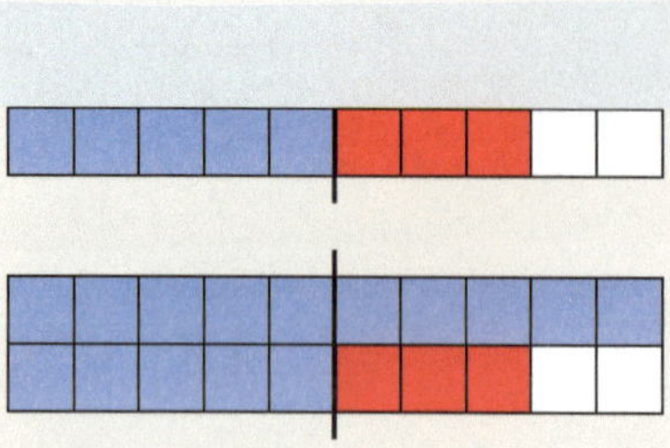

___ + ___ = ___

15 + 3 = ___

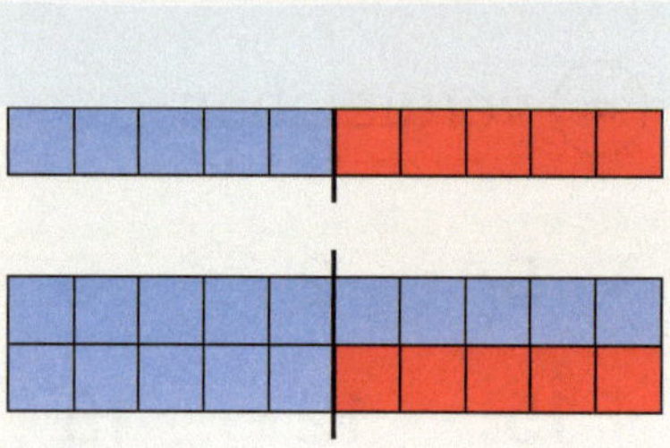

___ + ___ = ___

15 + 5 = ___

3

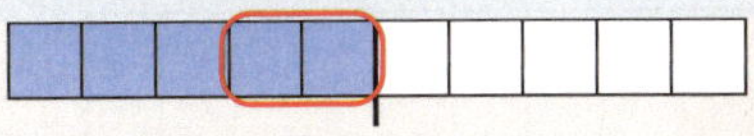

5 – 2 = 3

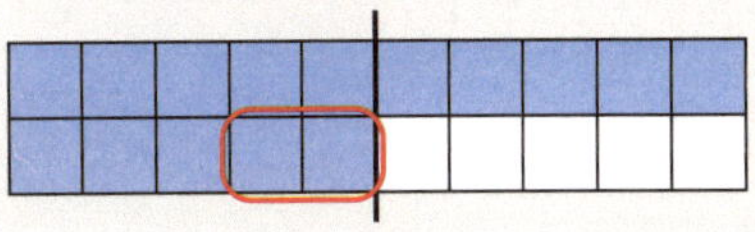

15 – 2 = ____

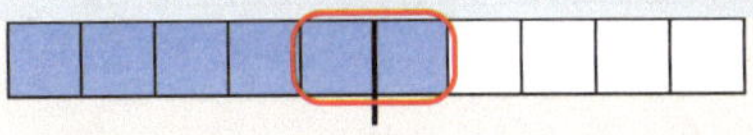

6 – 2 = ____

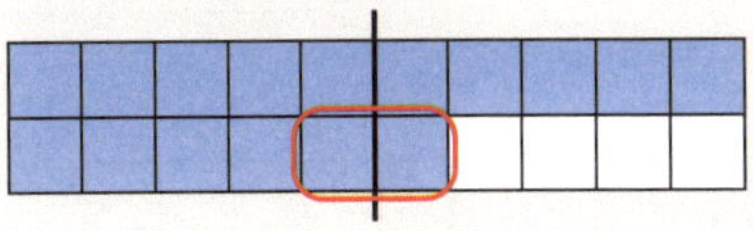

16 – 2 = ____

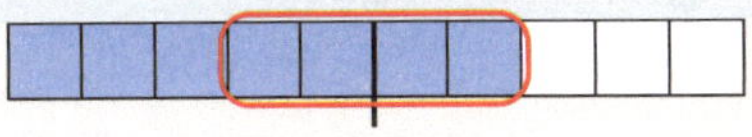

7 – 4 = ____

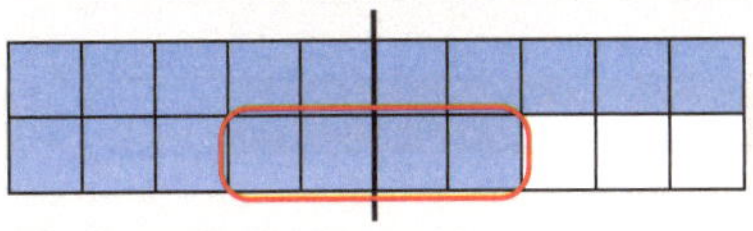

17 – 4 = ____

4

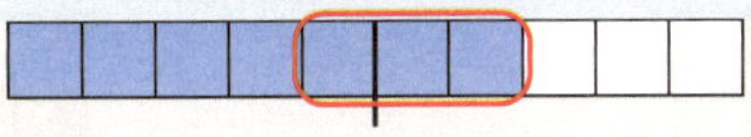

____ – ____ = ____

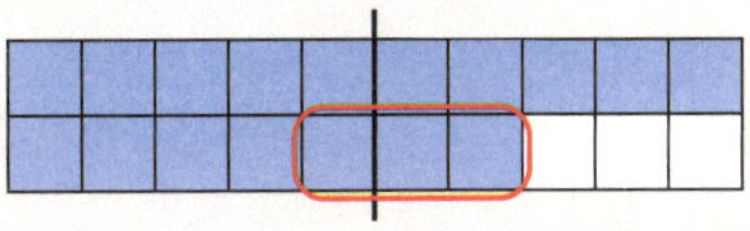

17 – 3 = ____

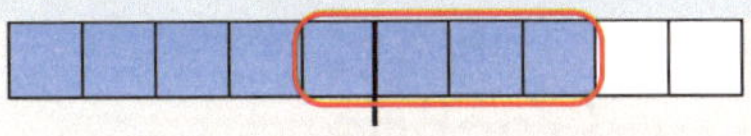

____ – ____ = ____

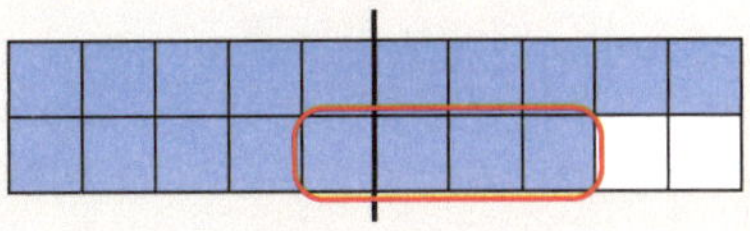

18 – 4 = ____

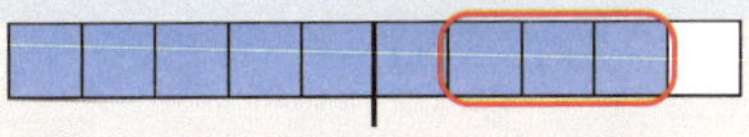

____ – ____ = ____

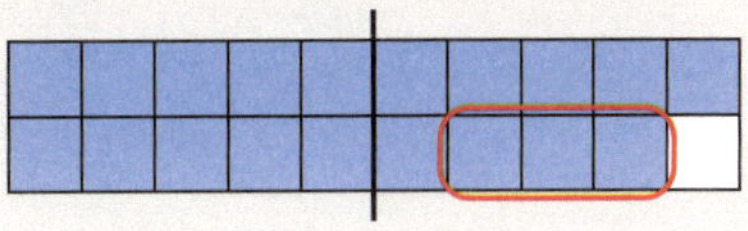

19 – 3 = ____

SB S. 82

1 Schreibe die Verdopplungsaufgabe.

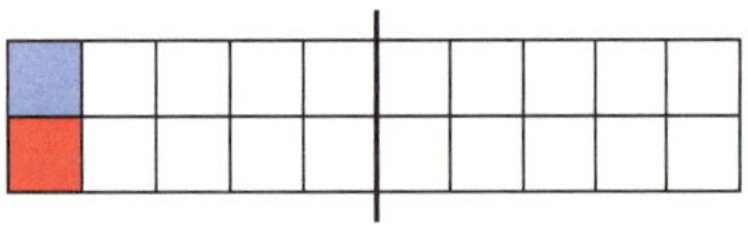

1 + 1 = ____

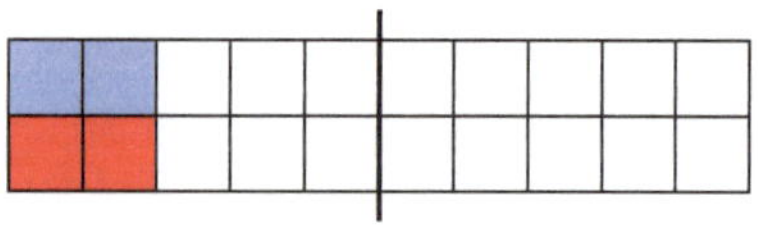

2 + ____ = ____

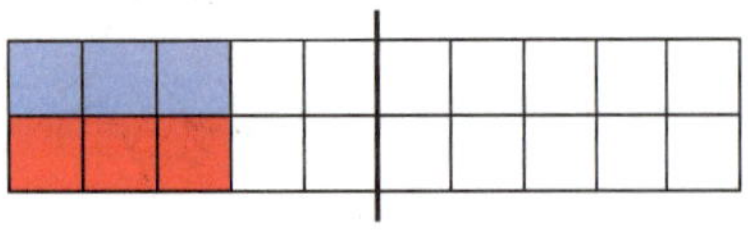

3 + ____ = ____

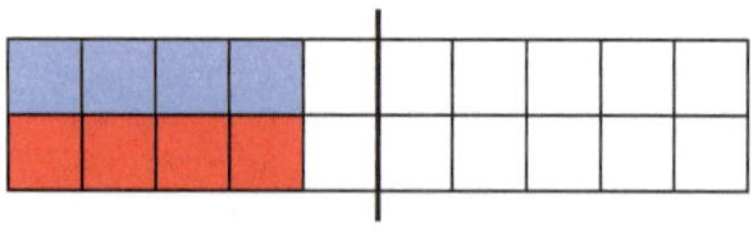

4 + ____ = ____

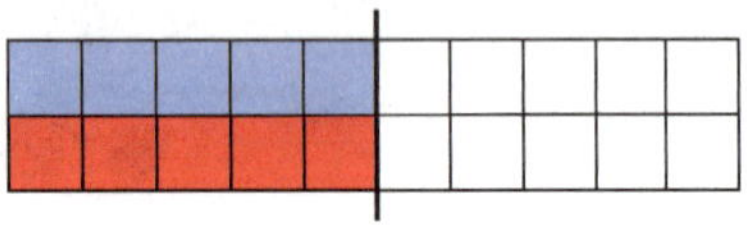

5 + ____ = ____

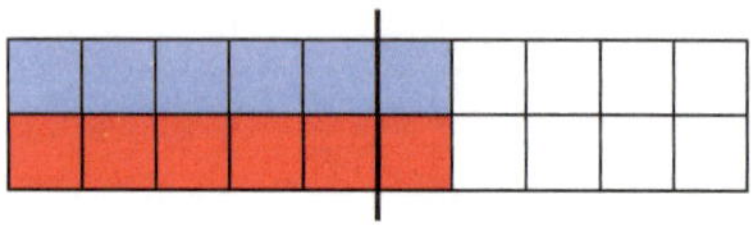

6 + ____ = ____

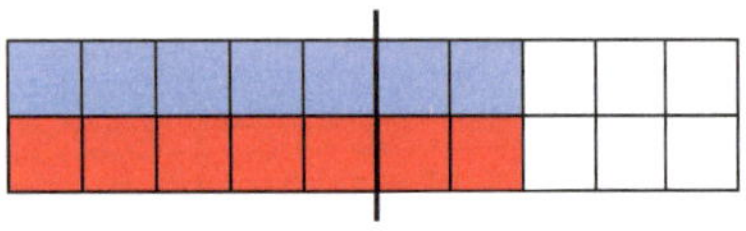

7 + ____ = ____

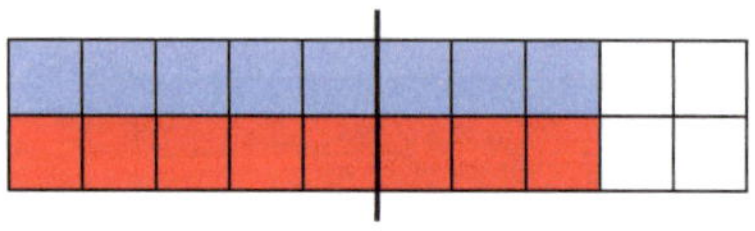

8 + ____ = ____

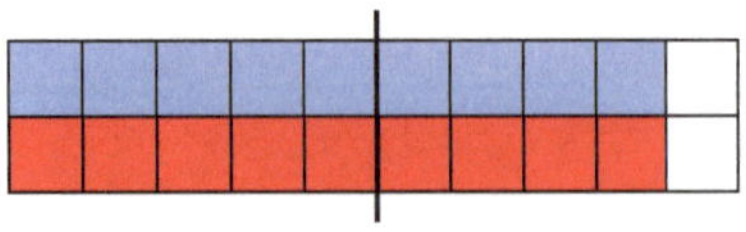

9 + ____ = ____

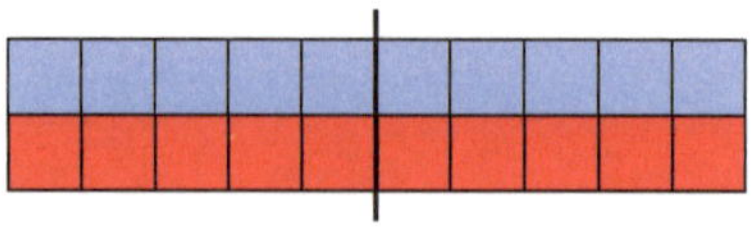

10 + ____ = ____

2 Verdopple. Male an und rechne.

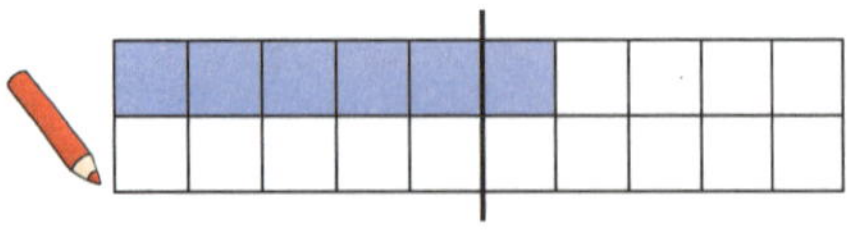

6 + ____ = ____

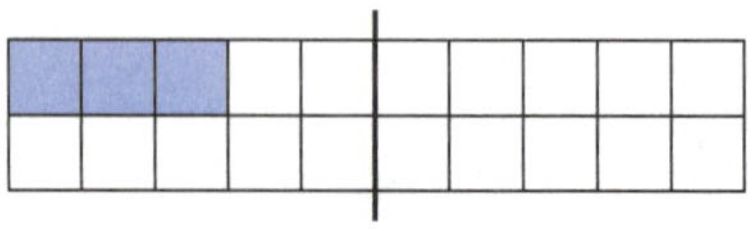

3 + ____ = ____

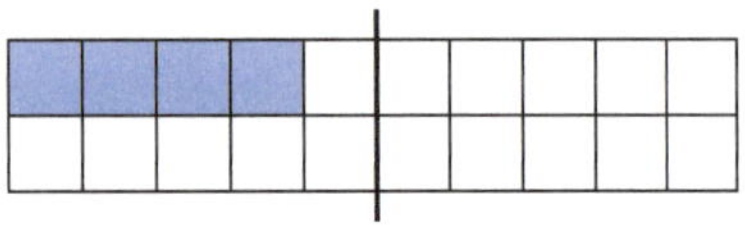

4 + ____ = ____

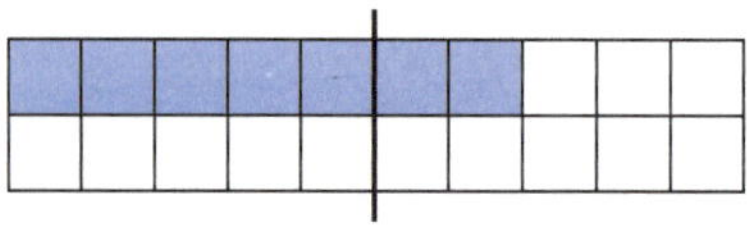

7 + ____ = ____

Partnerübungen zum Thema befinden sich im Trainingsplan auf S. 92, 93.

Mit Verdopplungsaufgaben rechnen

SB S. 83

Verdopplungsaufgaben | **Nachbaraufgaben**

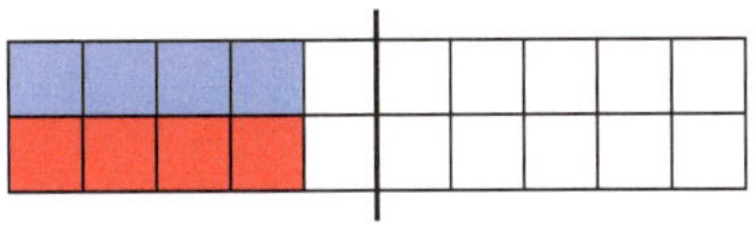

4 + 4 = ____

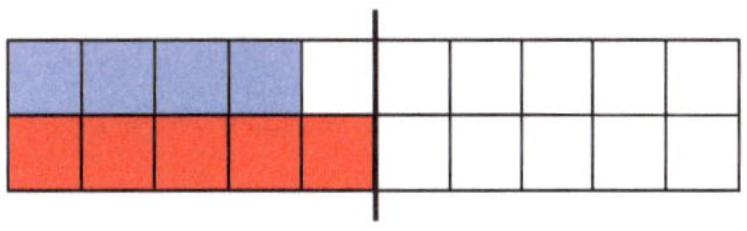

4 + 5 = ____

4 + 4 + 1 = ____

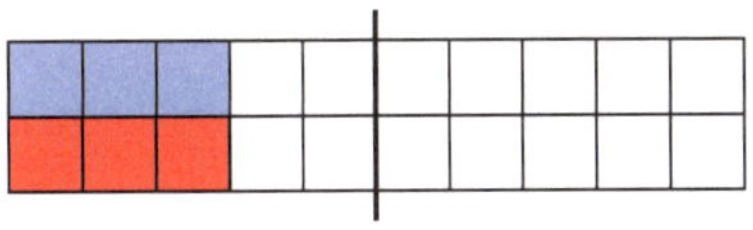

3 + 3 = ____

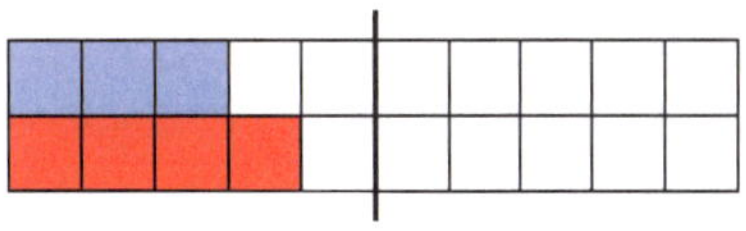

3 + 4 = ____

3 + 3 + 1 = ____

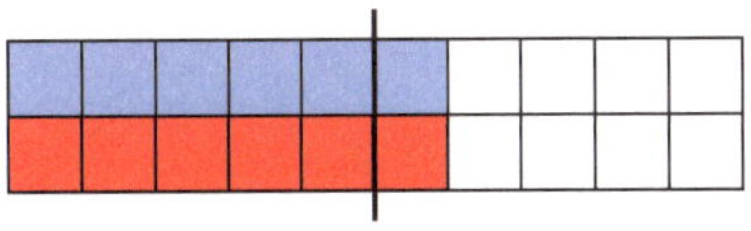

6 + 6 = ____

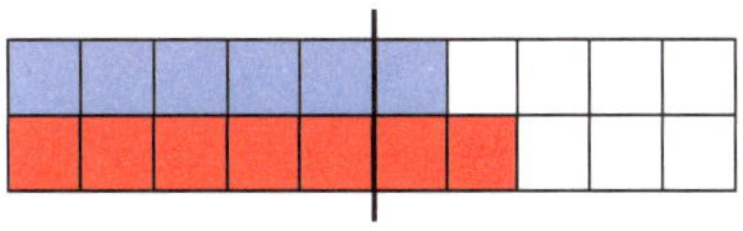

6 + 7 = ____

6 + 6 + 1 = ____

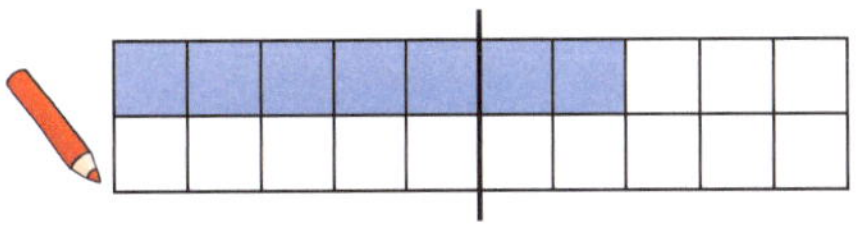

7 + 7 = ____

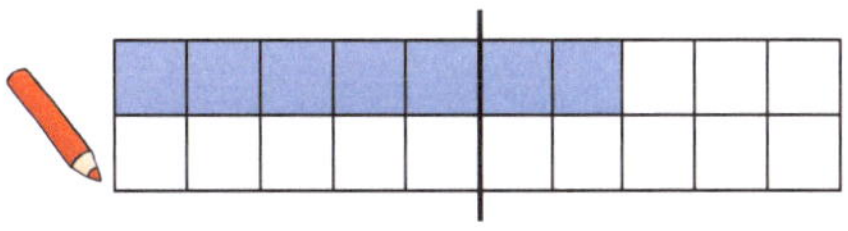

7 + 8 = ____

7 + 7 + 1 = ____

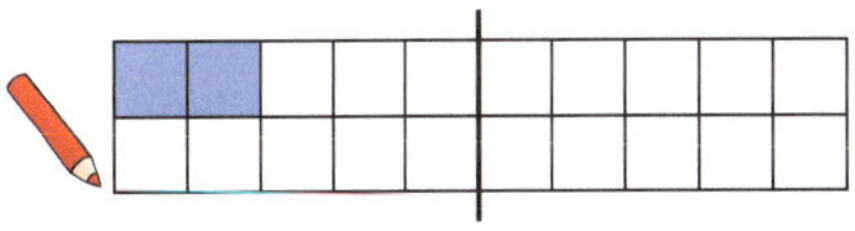

2 + 2 = ____

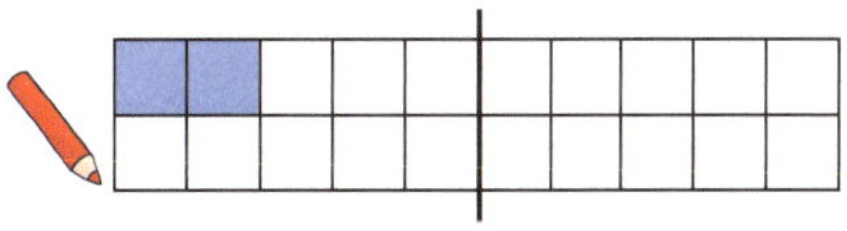

2 + 3 = ____

2 + 2 + 1 = ____

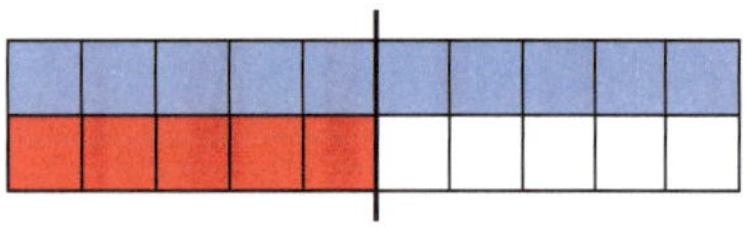

10 + 5 = ____

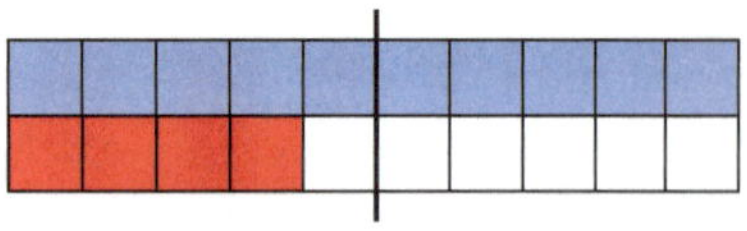

10 + 4 = ____

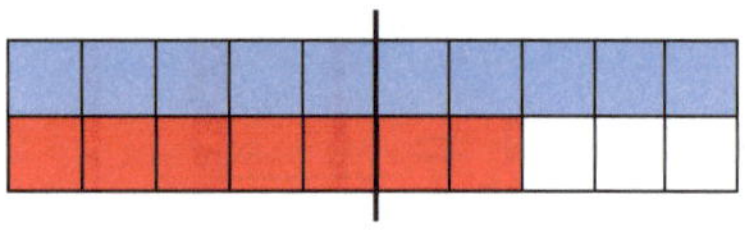

10 + 7 = ____

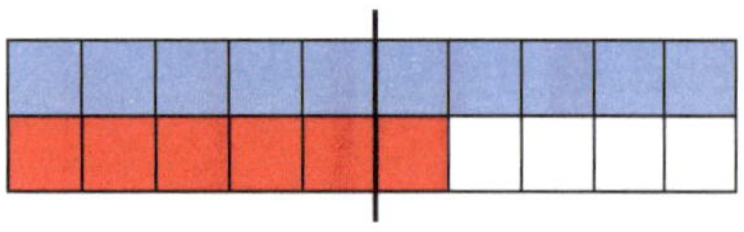

10 + 6 = ____

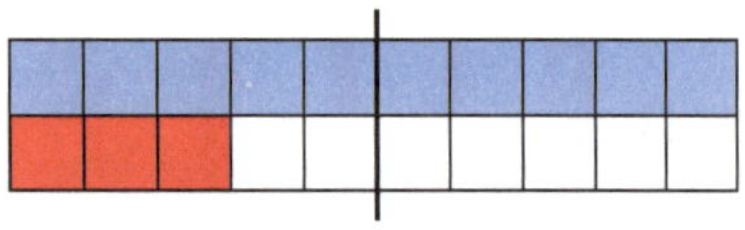

10 + 3 = ____

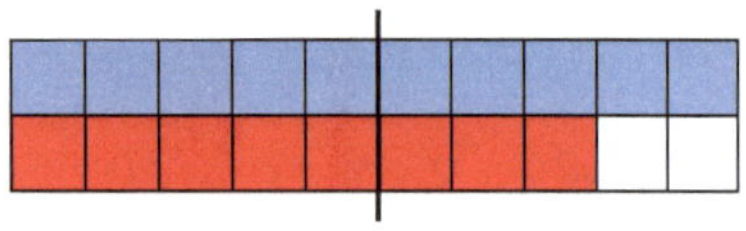

10 + 8 = ____

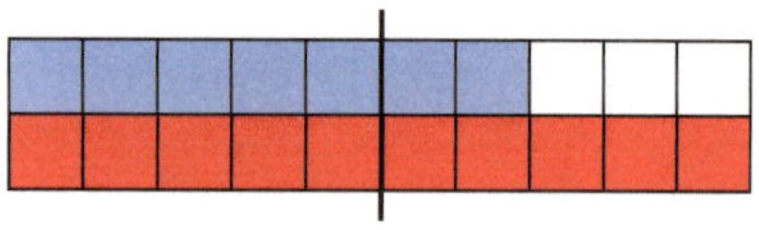

7 + 10 = ____

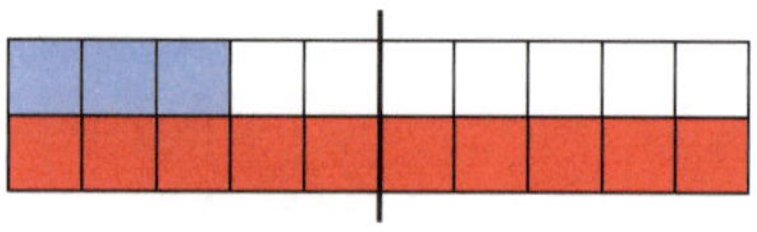

3 + 10 = ____

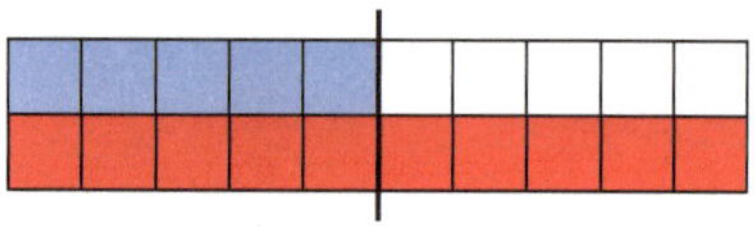

5 + 10 = ____

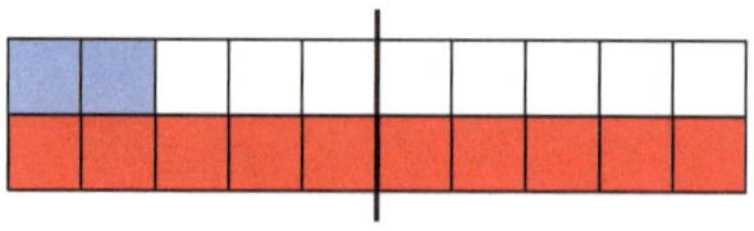

2 + 10 = ____

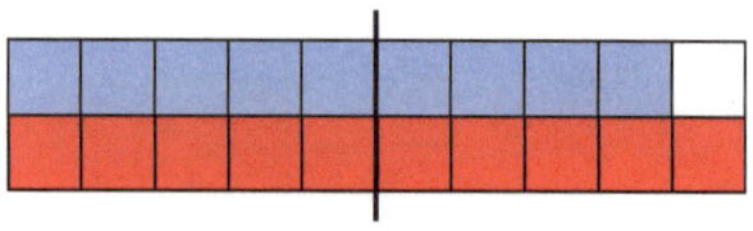

9 + 10 = ____

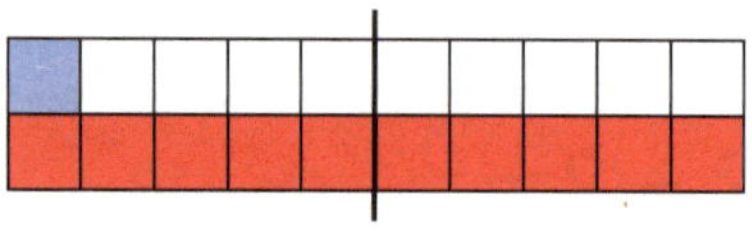

1 + 10 = ____

Partneraufgaben

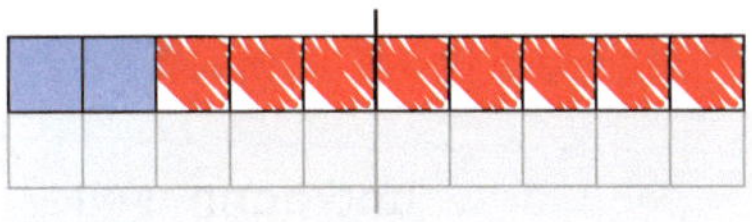

2 + 8 = 10

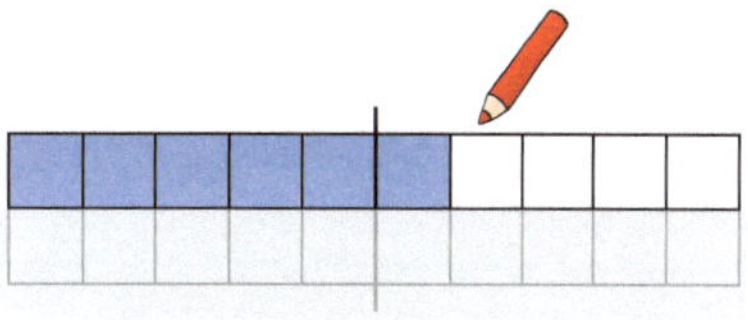

6 + ___ = 10

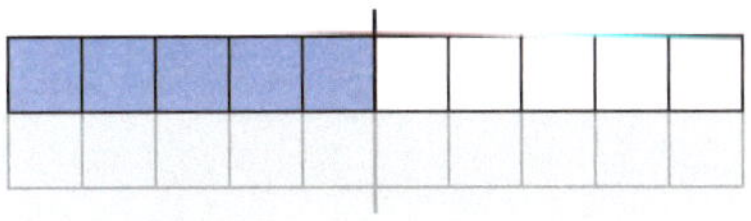

5 + ___ = 10

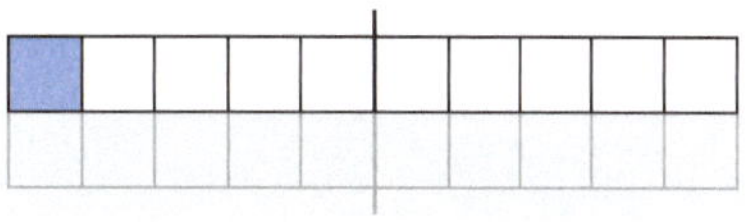

1 + ___ = 10

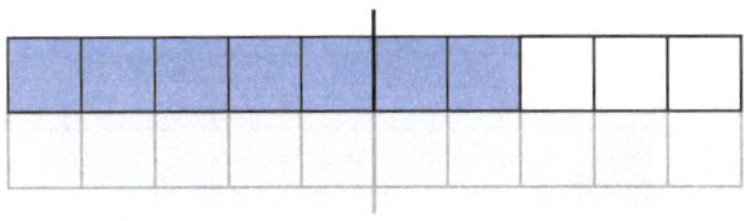

7 + ___ = 10

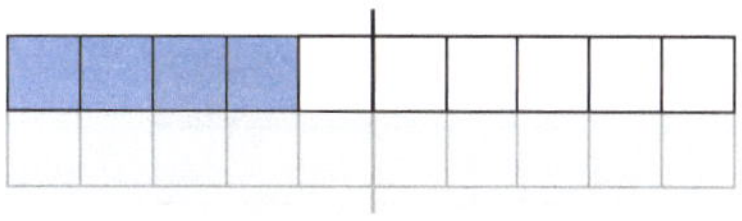

4 + ___ = 10

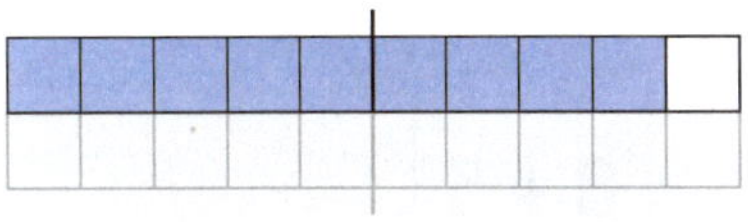

9 + ___ = 10

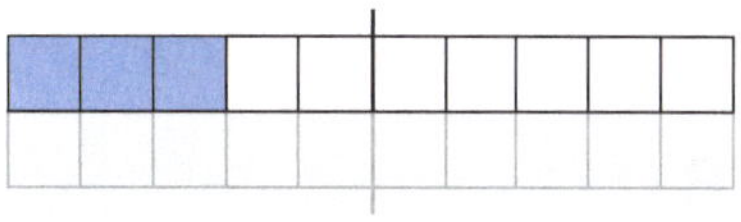

3 + ___ = 10

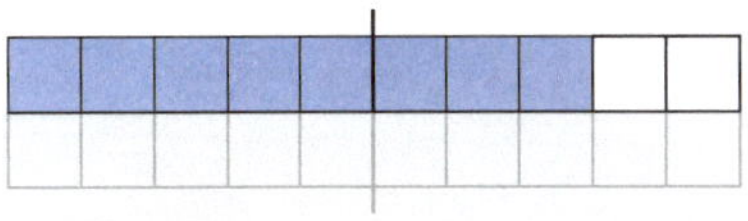

8 + ___ = 10

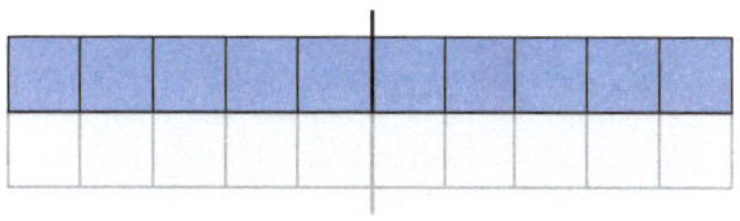

10 + ___ = 10

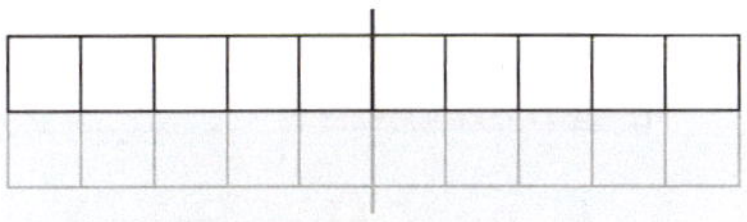

0 + ___ = 10

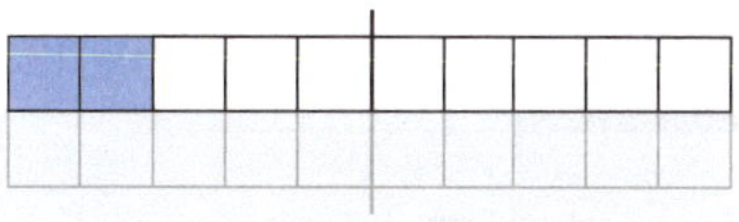

2 + ___ = 10

SB S. 86, 87

Lege und rechne mit der Partneraufgabe.

8 + 4

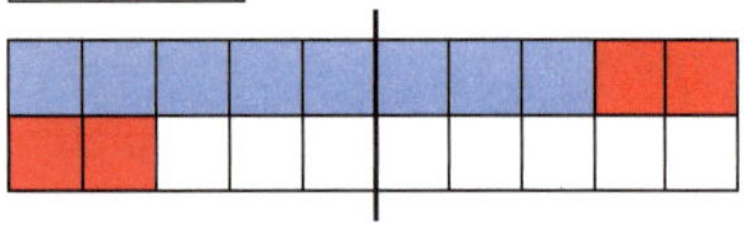

8 + 4 = ____

8 + 2 + 2 = 12

5 + 6

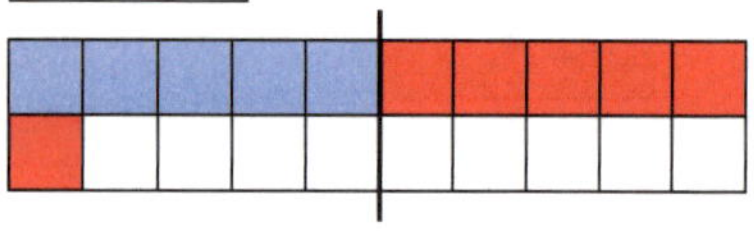

5 + 6 = ____

5 + 5 + 1 = ____

7 + 6

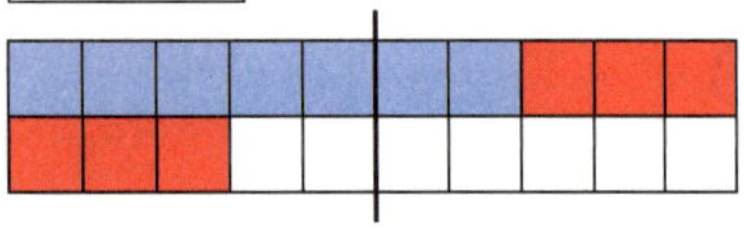

7 + 6 = ____

7 + 3 + 3 = ____

8 + 5

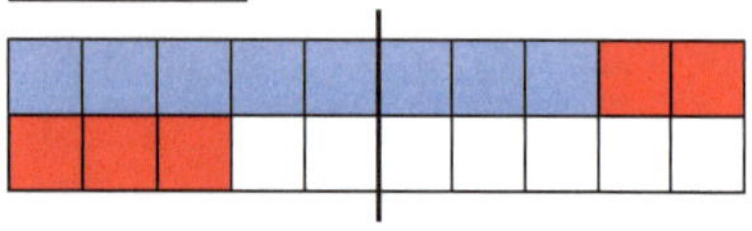

8 + 5 = ____

8 + 2 + 3 = ____

7 + 8

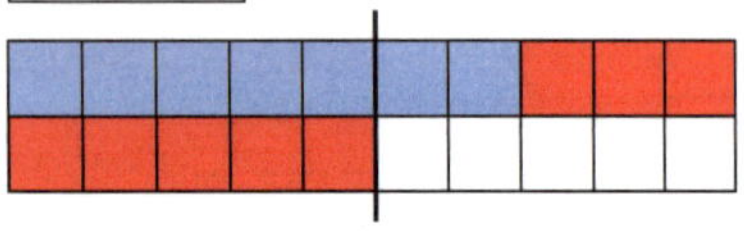

7 + 8 = ____

7 + 3 + 5 = ____

6 + 9

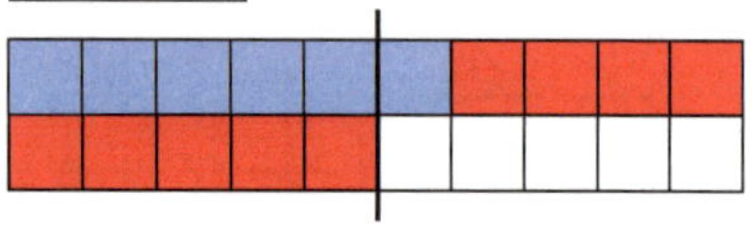

6 + 9 = ____

6 + 4 + 5 = ____

Male an und rechne.

4 + 9

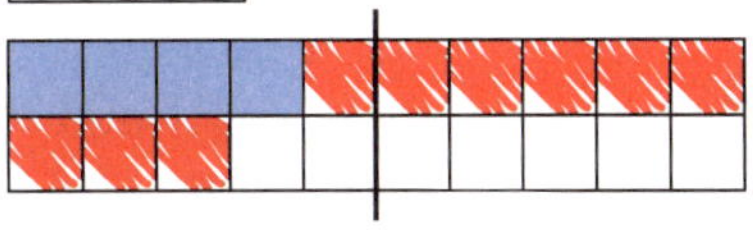

4 + 9 = ____

4 + 6 + 3 = 13

7 + 5

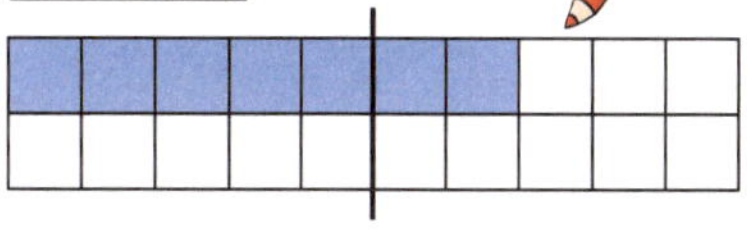

7 + 5 = ____

7 + ____ + ____ = ____

9 + 4

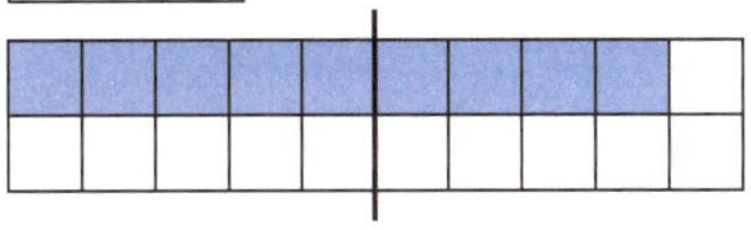

9 + 4 = ____

9 + ____ + ____ = ____

8 + 5

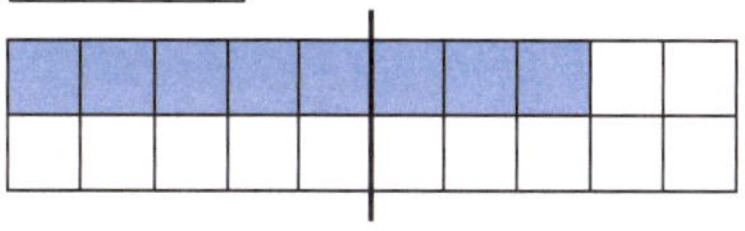

8 + 5 = ____

8 + ____ + ____ = ____

6 + 7

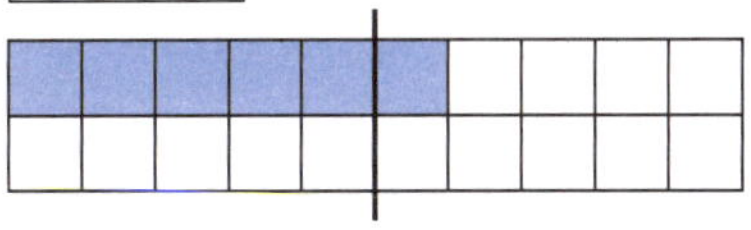

6 + 7 = ____

6 + ____ + ____ = ____

8 + 3

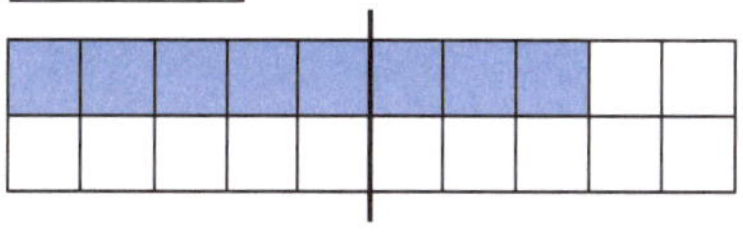

8 + 3 = ____

8 + ____ + ____ = ____

9 + 2

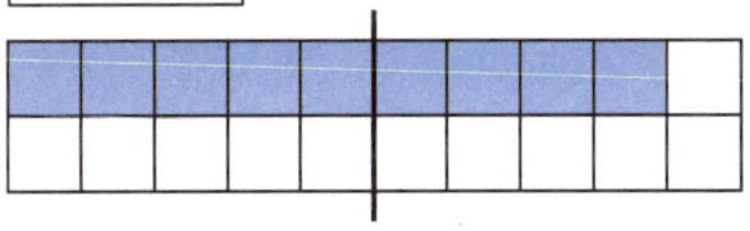

9 + 2 = ____

9 + ____ + ____ = ____

6 + 5

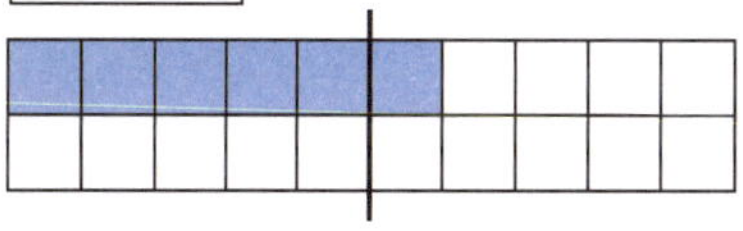

6 + 5 = ____

6 + ____ + ____ = ____

7 + 5 = 12
7 + 3 + 2 = 12

Zur 10 …

… und dann weiter

Lege und rechne.

6 + 8 = ___
6 + 4 + ___ = ___

8 + 4 = ___
8 + 2 + ___ = ___

5 + 8 = ___
5 + 5 + ___ = ___

4 + 9 = ___
4 + 6 + ___ = ___

7 + 6 = ___
7 + ___ + ___ = ___

8 + 9 = ___
8 + ___ + ___ = ___

3 + 8 = ___
3 + ___ + ___ = ___

4 + 8 = ___
4 + ___ + ___ = ___

9 + 7 = ___
9 + ___ + ___ = ___

3 + 9 = ___
3 + ___ + ___ = ___

4 + 7 = ___
4 + ___ + ___ = ___

9 + 8 = ___
9 + ___ + ___ = ___

1 Mit der verwandten Aufgabe rechnen

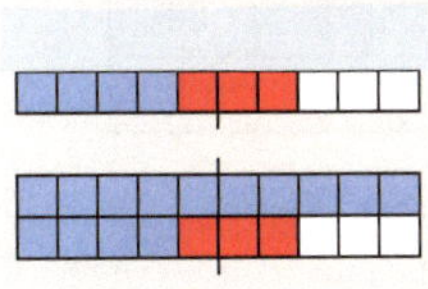

___ + ___ = ___

14 + 3 = ___

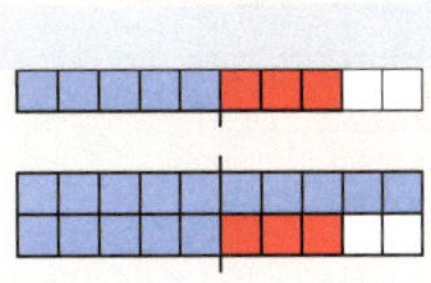

___ + ___ = ___

15 + 3 = ___

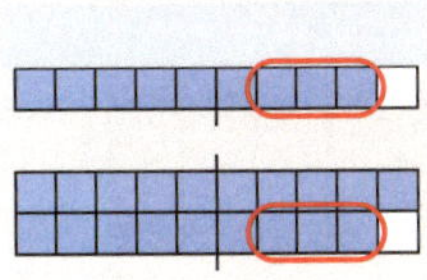

___ − ___ = ___

19 − 3 = ___

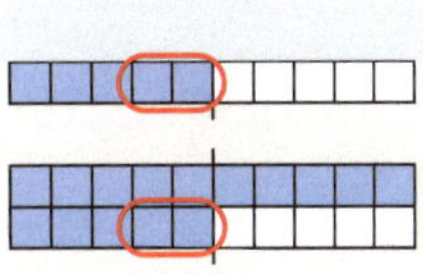

___ − ___ = ___

15 − 2 = ___

2 Verdoppeln

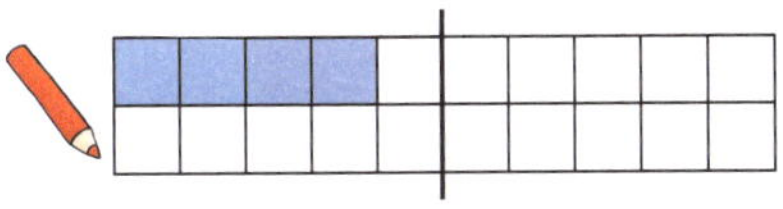

4 + 4 = ___

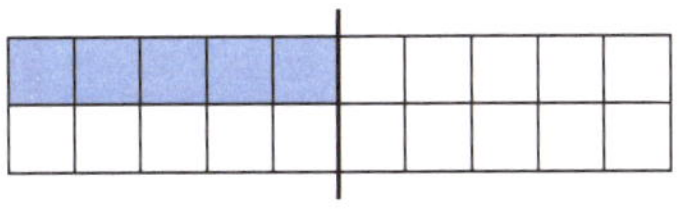

5 + 5 = ___

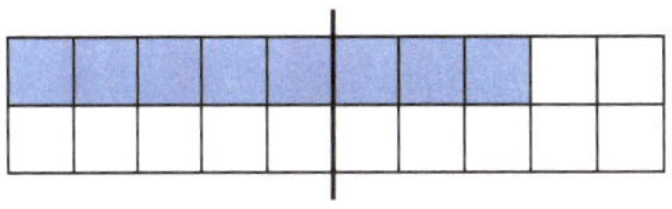

8 + 8 = ___

3 Zur 10 ergänzen

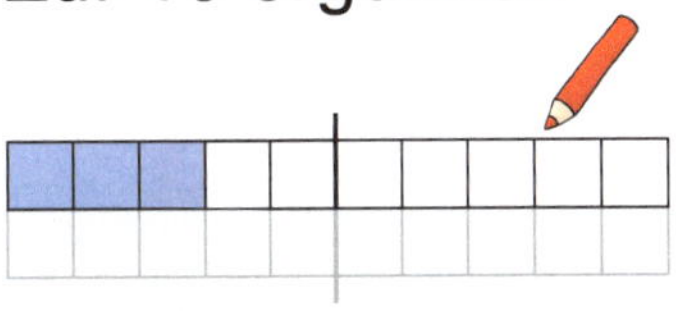

3 + ___ = 10

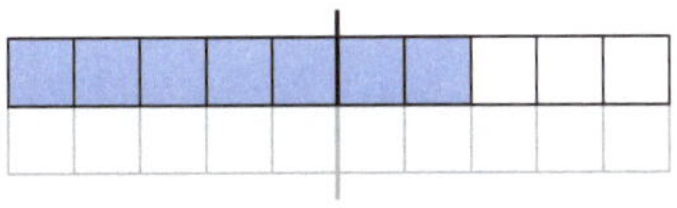

7 + ___ = 10

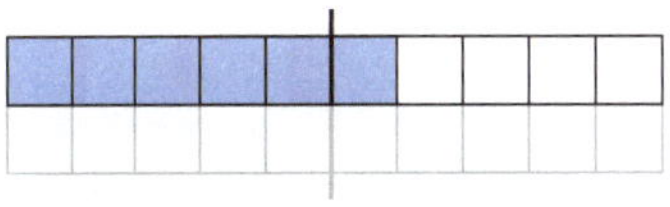

6 + ___ = 10

4 Meinen Rechenweg notieren

5 + 6 = ___

5 + ___ + ___ = ___

7 + 9 = ___

7 + ___ + ___ = ___

7 + 8 = ___

7 + ___ + ___ = ___

9 + 5 = ___

9 + ___ + ___ = ___

SB S. 90, 91

1 Zurück zur 10: Kreise ein und rechne.

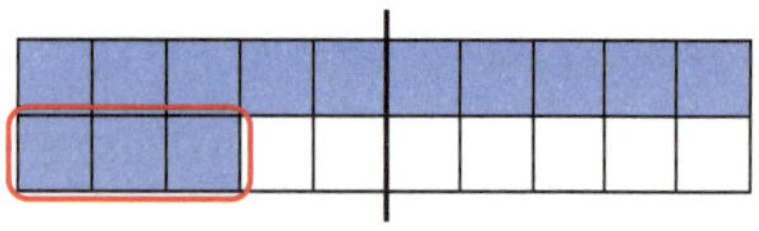

13 – 3 = ____

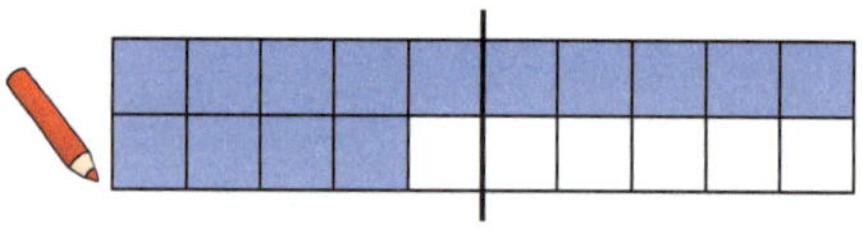

14 – 4 = ____

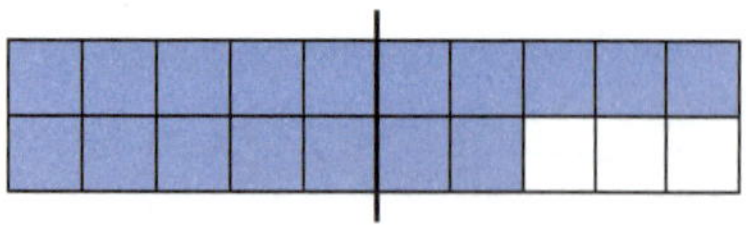

17 – 7 = ____

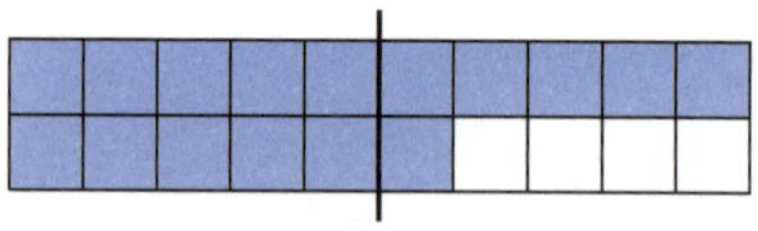

16 – 6 = ____

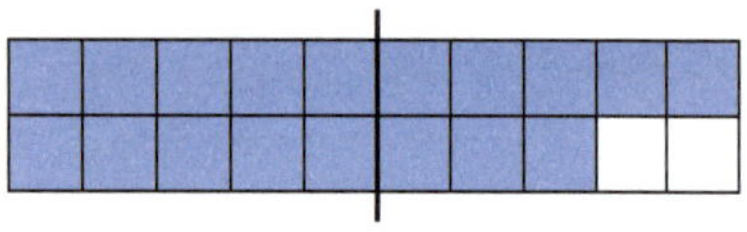

18 – 8 = ____

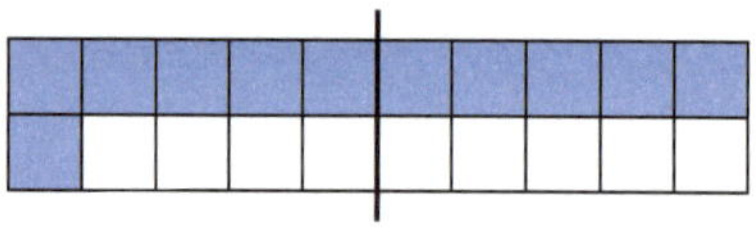

11 – 1 = ____

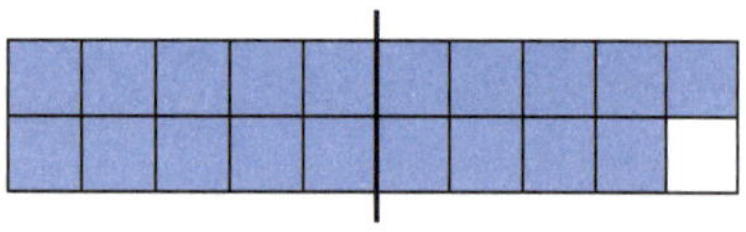

19 – 9 = ____

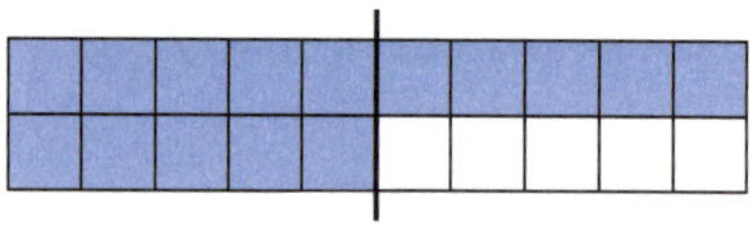

15 – 5 = ____

2 Übe die Zerlegungen.

4	5	6	7	8	9
2 | ___	3 | ___	3 | ___	5 | ___	2 | ___	3 | ___

3	5	7	9	6	5
1 | ___	1 | ___	3 | ___	4 | ___	4 | ___	5 | ___

9	8	7	6	7	8
7 | ___	5 | ___	1 | ___	5 | ___	4 | ___	4 | ___

Lege und rechne.

12 – 5

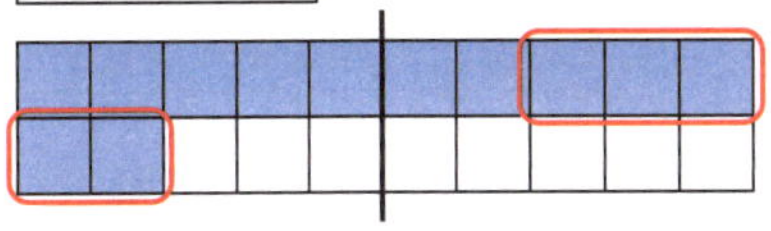

12 – 5 = ___

12 – 2 – 3 = 7

14 – 8

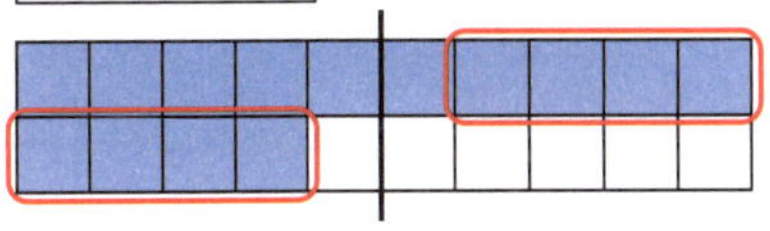

14 – 8 = ___

14 – 4 – 4 = ___

15 – 8

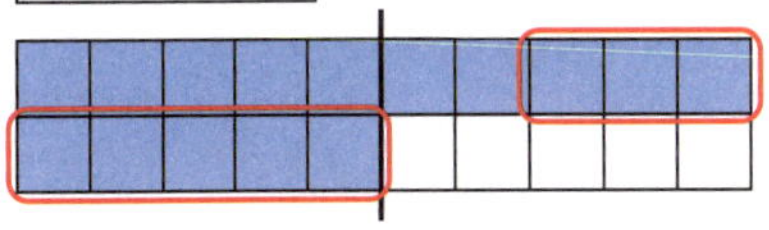

15 – 8 = ___

15 – 5 – 3 = ___

16 – 8

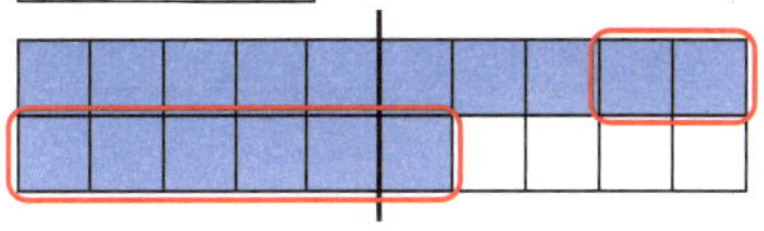

16 – 8 = ___

16 – 6 – 2 = ___

13 – 4

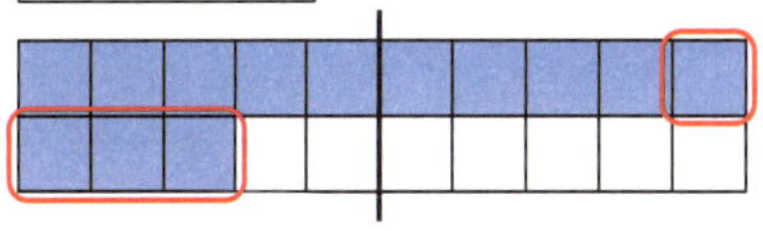

13 – 4 = ___

13 – 3 – 1 = ___

17 – 9

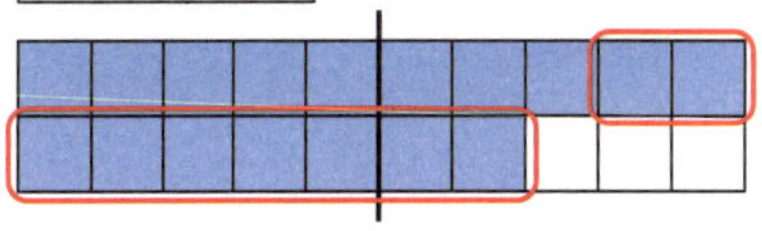

17 – 9 = ___

17 – 7 – 2 = ___

Lege und rechne.

14 – 6

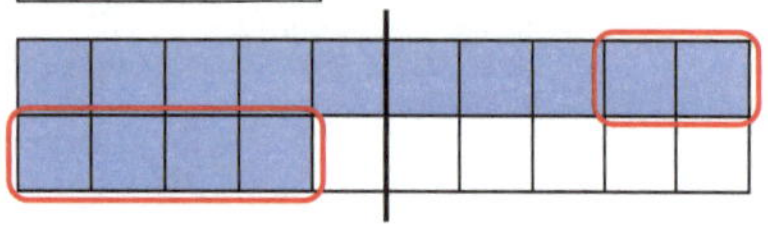

14 – 6 = ___

14 – 4 – 2 = 8

11 – 8

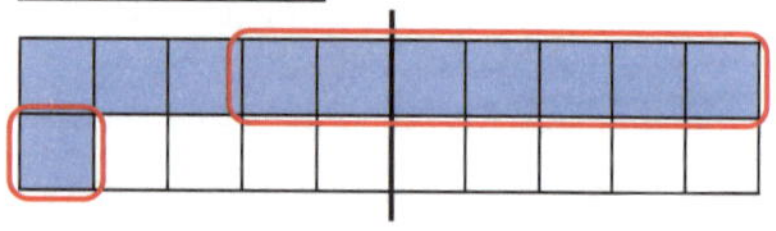

11 – 8 = ___

11 – 1 – ___ = ___

11 – 7

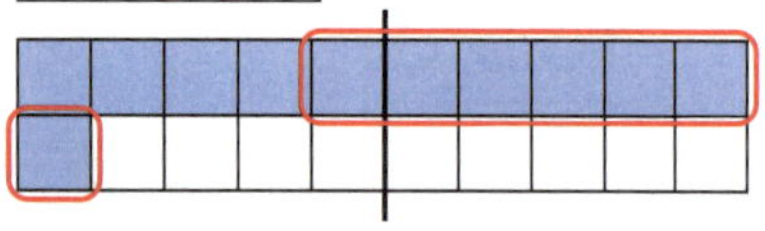

11 – 7 = ___

11 – 1 – ___ = ___

13 – 6

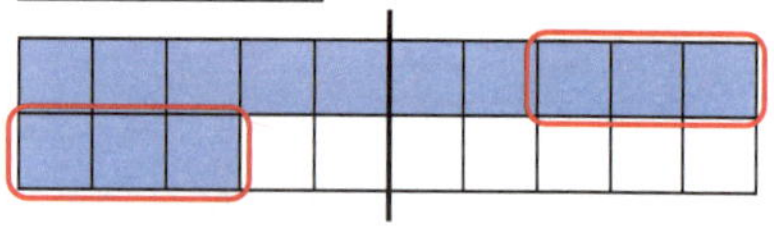

13 – 6 = ___

13 – 3 – ___ = ___

12 – 8

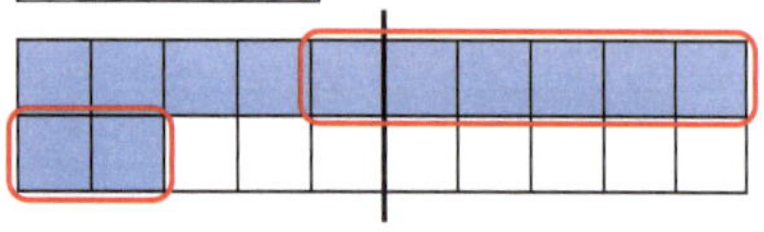

12 – 8 = ___

12 – 2 – ___ = ___

17 – 8

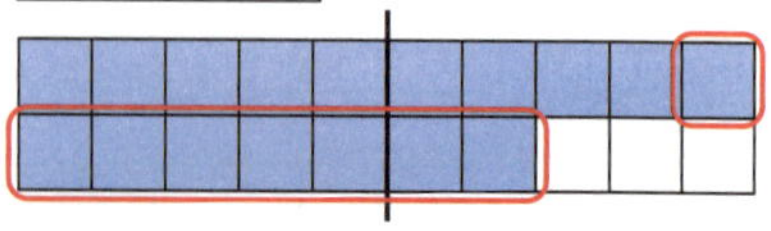

17 – 8 = ___

17 – 7 – ___ = ___

12 – 4

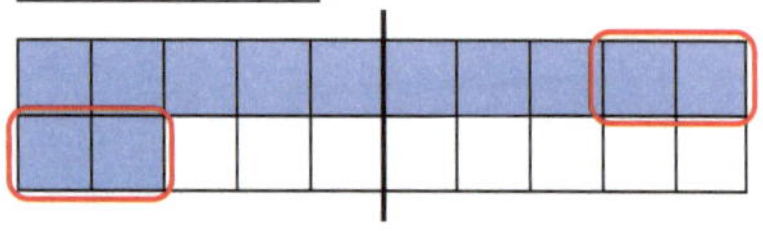

12 – 4 = ___

12 – 2 – ___ = ___

11 – 2

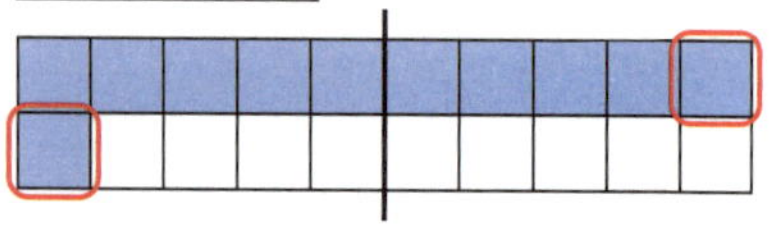

11 – 2 = ___

11 – 1 – ___ = ___

Zur 10 und dann weiter (−) 3

SB S. 94

Kreise ein und rechne.

12 – 5

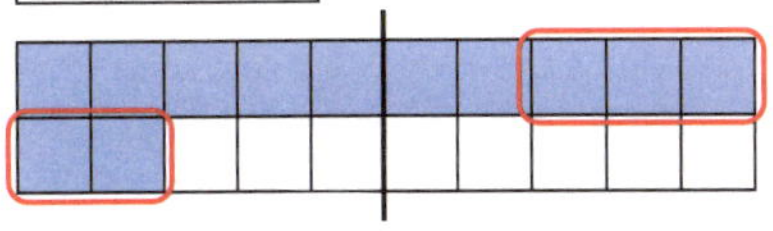

12 – 5 = ____

12 – 2 – 3 = 7

14 – 7

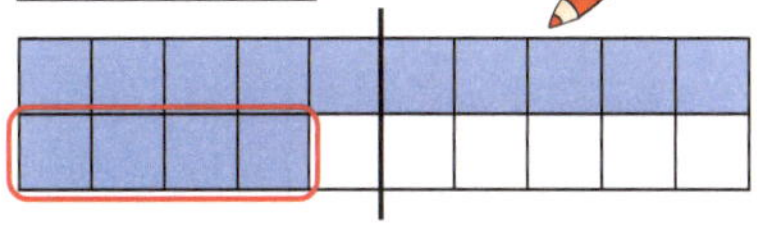

14 – 7 = ____

14 – 4 – ____ = ____

13 – 5

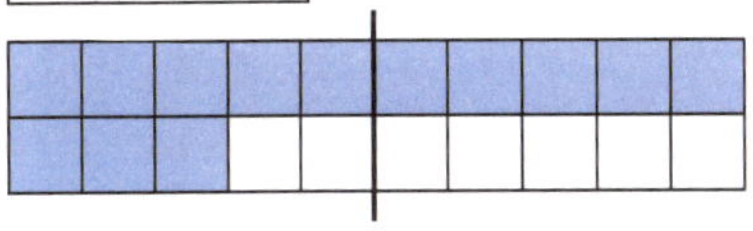

13 – 5 = ____

13 – 3 – ____ = ____

16 – 9

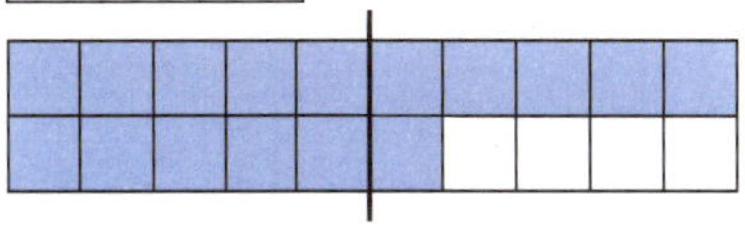

16 – 9 = ____

16 – 6 – ____ = ____

11 – 4

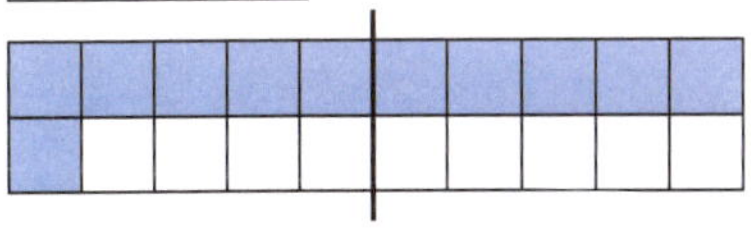

11 – 4 = ____

11 – 1 – ____ = ____

15 – 7

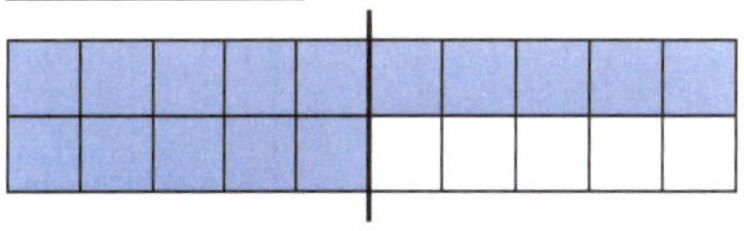

15 – 7 = ____

15 – 5 – ____ = ____

16 – 8

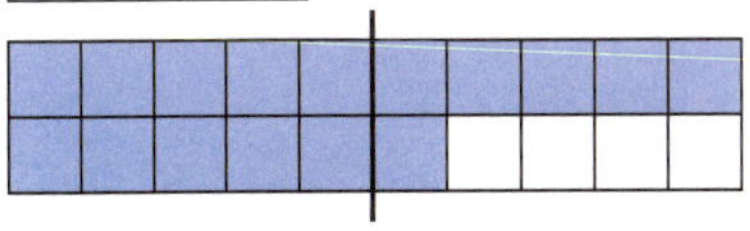

16 – 8 = ____

16 – 6 – ____ = ____

15 – 9

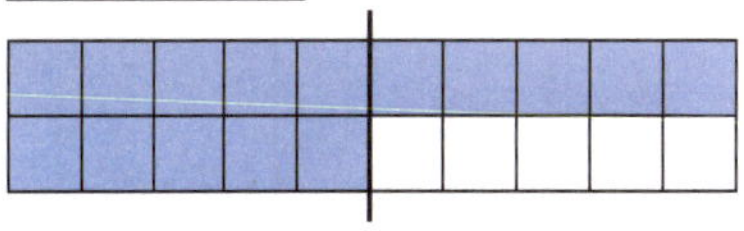

15 – 9 = ____

15 – 5 – ____ = ____

Zur 10 und dann weiter (–) 4

SB S. 95

Kreise ein und rechne.

13 – 9

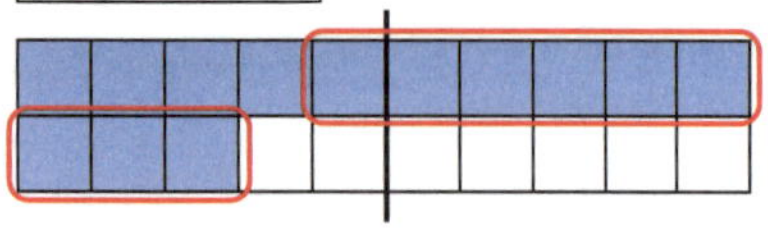

13 – 9 = ___

13 – 3 – 6 = 4

15 – 9

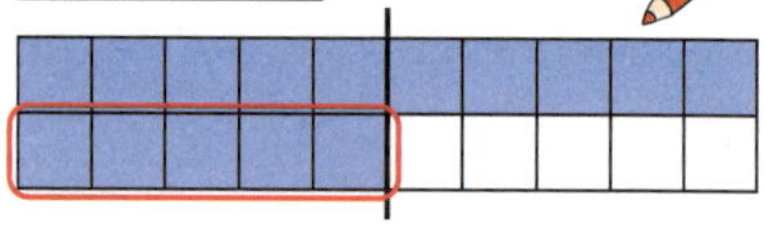

15 – 9 = ___

15 – ___ – ___ = ___

16 – 9

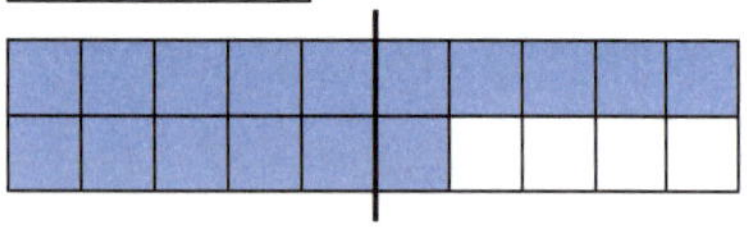

16 – 9 = ___

16 – ___ – ___ = ___

14 – 9

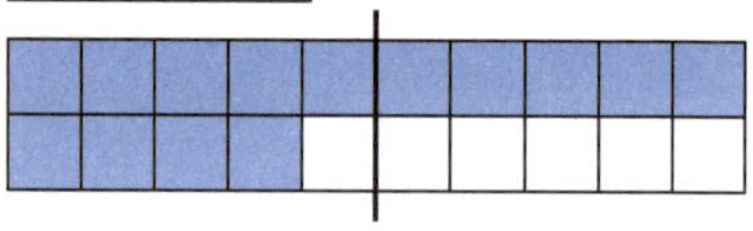

14 – 9 = ___

14 – ___ – ___ = ___

17 – 8

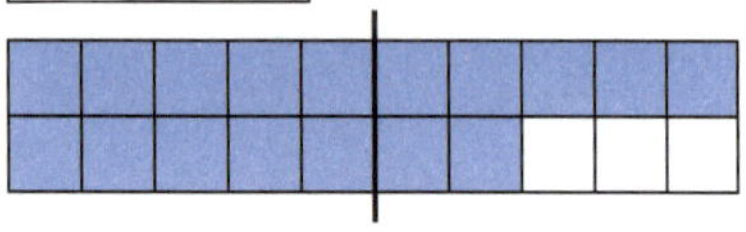

17 – 8 = ___

17 – ___ – ___ = ___

12 – 9

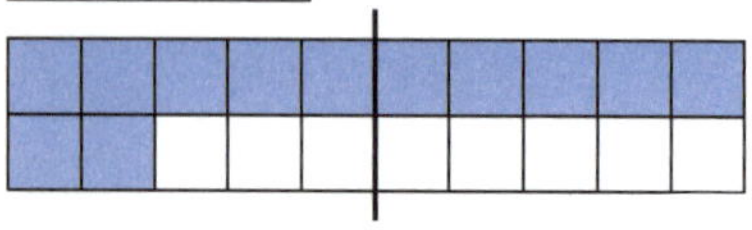

12 – 9 = ___

12 – ___ – ___ = ___

15 – 8

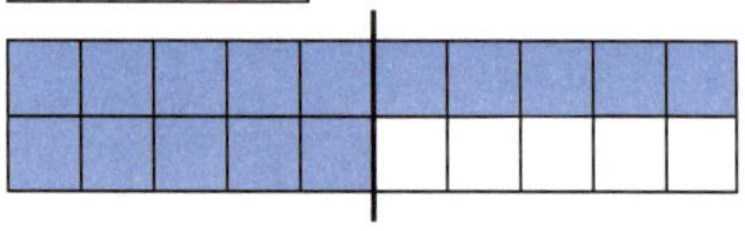

15 – 8 = ___

15 – ___ – ___ = ___

13 – 8

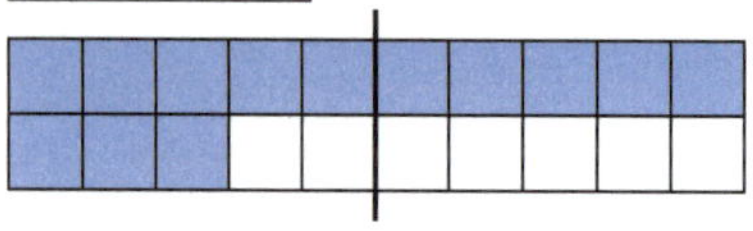

13 – 8 = ___

13 – ___ – ___ = ___

Kreise ein und rechne.

15 – 6

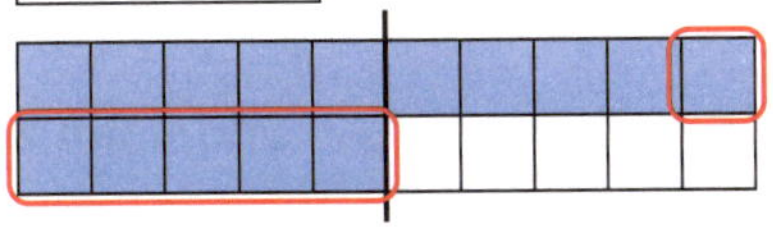

15 – 6 = ___

15 – 5 – 1 = 9

13 – 7

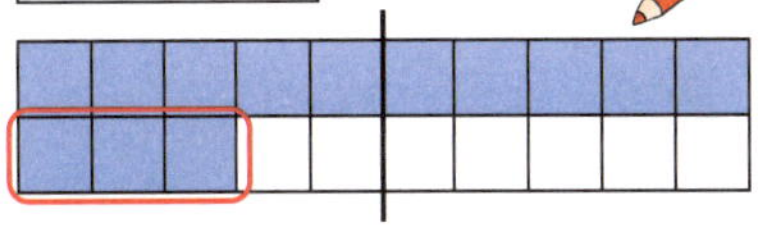

13 – 7 = ___

13 – ___ – ___ = ___

11 – 4

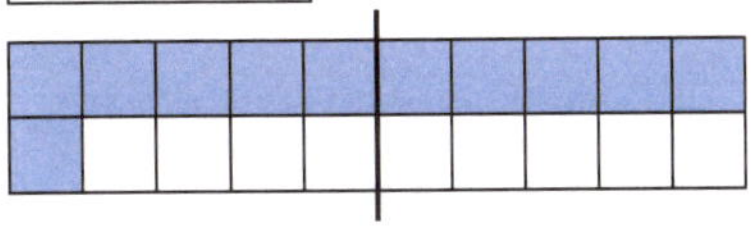

11 – 4 = ___

11 – ___ – ___ = ___

14 – 5

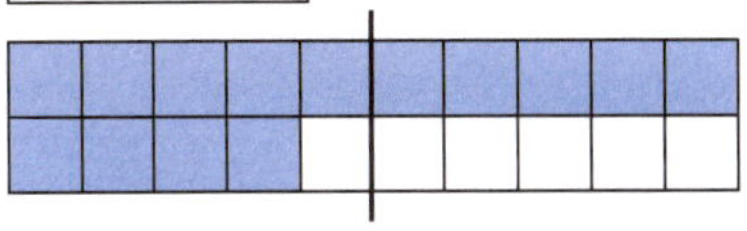

14 – 5 = ___

14 – ___ – ___ = ___

16 – 7

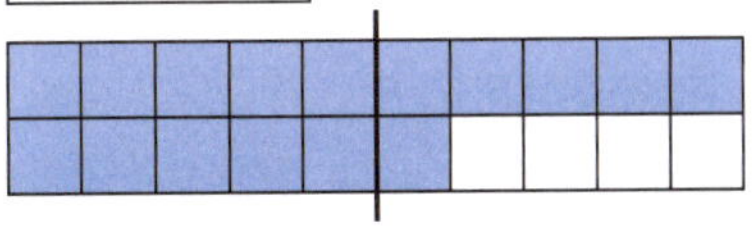

16 – 7 = ___

16 – ___ – ___ = ___

12 – 5

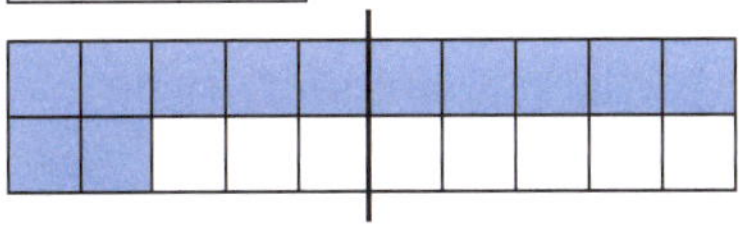

12 – 5 = ___

12 – ___ – ___ = ___

13 – 5

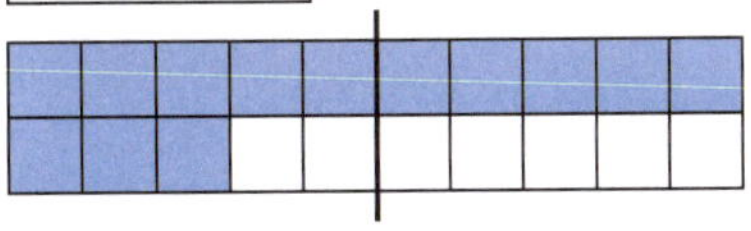

13 – 5 = ___

13 – ___ – ___ = ___

18 – 9

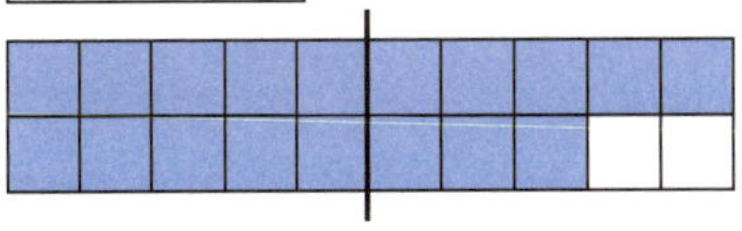

18 – 9 = ___

18 – ___ – ___ = ___

12 – 5 = 7

12 – 2 – 3 = 7

Zur 10 …

… und dann weiter

Lege und rechne.

11 – 6 = ____
11 – 1 – ____ = ____

12 – 7 = ____
12 – 2 – ____ = ____

14 – 8 = ____
14 – 4 – ____ = ____

15 – 9 = ____
15 – 5 – ____ = ____

11 – 3 = ____
11 – ____ – ____ = ____

16 – 7 = ____
16 – ____ – ____ = ____

13 – 8 = ____
13 – ____ – ____ = ____

17 – 9 = ____
17 – ____ – ____ = ____

12 – 5 = ____
12 – ____ – ____ = ____

14 – 6 = ____
14 – ____ – ____ = ____

16 – 8 = ____
16 – ____ – ____ = ____

15 – 7 = ____
15 – ____ – ____ = ____

So viele Kinder der Klasse 1a haben Haustiere:

1 Erstelle ein Schaubild.

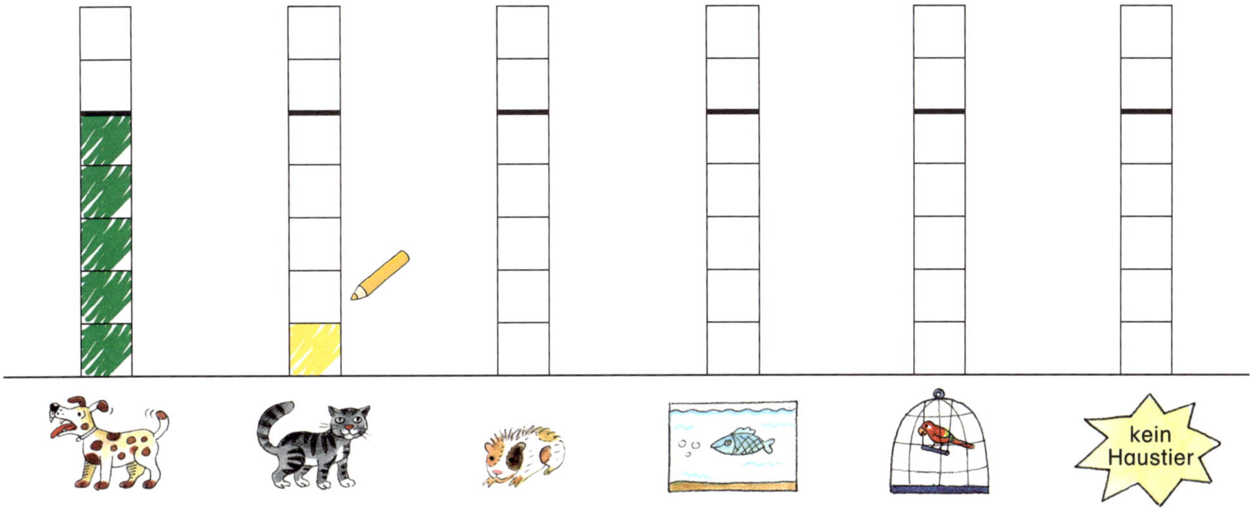

2 Lies aus dem Schaubild ab.

5 Kinder haben einen .

___ Kinder haben .

___ Kinder haben ein .

___ Kinder haben einen .

___ Kinder haben ein .

So viele Kinder der Klasse 1b haben Haustiere:

1 Erstelle eine Strichliste.

	||		

2 Beantworte die Fragen.

Wie viele haben einen ? ___

Wie viele haben eine ? ___

Wie viele haben ein ? ___

Wie viele haben eine ? ___

3 Was stimmt? Kreuze an.

Die **meisten** haben ...
☐ eine . ☐ ein .

Die **wenigsten** haben ...
☐ eine . ☐ ein .

1 Minusaufgaben mit der verwandten Aufgabe lösen

___ – ___ = ___	___ – ___ = ___	___ – ___ = ___
18 – 3 = ___	19 – 5 = ___	13 – 1 = ___
___ – ___ = ___	___ – ___ = ___	___ – ___ = ___
16 – 4 = ___	17 – 3 = ___	20 – 7 = ___

2 Zur 10 zurück rechnen

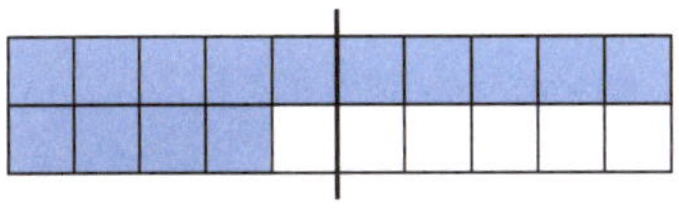
14 – ___ = 10

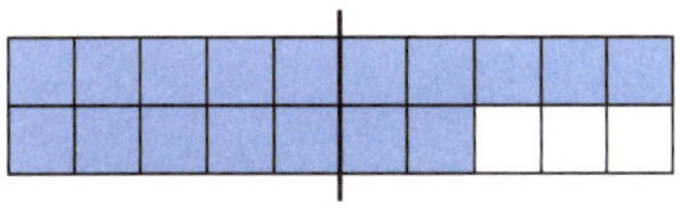
17 – ___ = 10

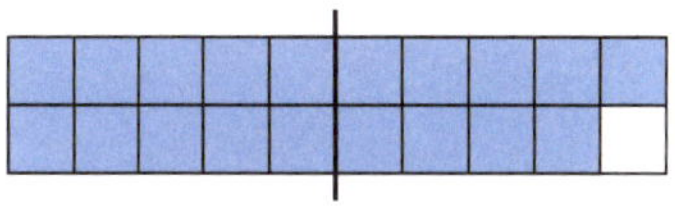
19 – ___ = 10

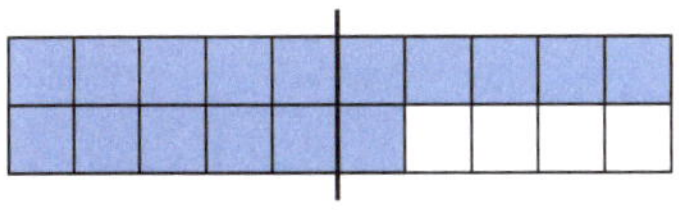
16 – ___ = 10

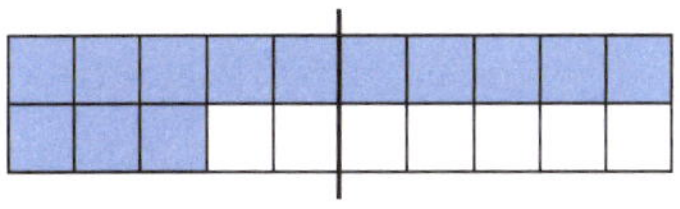
13 – ___ = 10

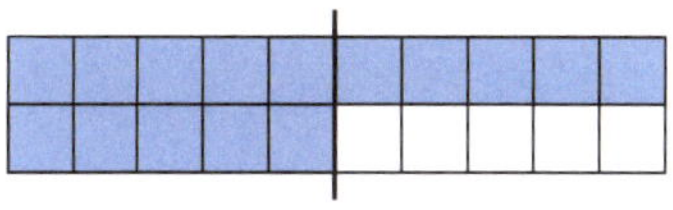
15 – ___ = 10

3 Zahlen bis 10 zerlegen

4	5	6	7	8	9
3 ___	4 ___	2 ___	3 ___	4 ___	6 ___

4 Meinen Rechenweg notieren

16 – 9 = ___
16 – ___ – ___ = ___

11 – 7 = ___
11 – ___ – ___ = ___

12 – 8 = ___
12 – ___ – ___ = ___

15 – 6 = ___
15 – ___ – ___ = ___

SB S. 102, 103

1 Wie viel Cent sind es?

____ ct

____ ct

____ ct

____ ct

____ ct

____ ct

____ ct

____ ct

____ ct

2 Lege und male.

5 ct

7 ct

10 ct

12 ct

15 ct

20 ct

Beilage zum Schülerbuch: Rechengeld

SB S. 104, 105

1 Wie viel Euro sind es?

____ €

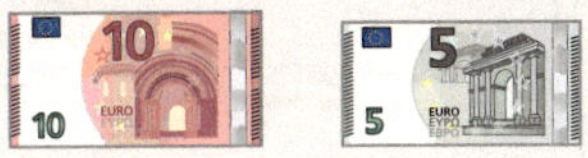

____ €

____ €

____ €

____ €

____ €

____ €

____ €

____ €

2 Welche Scheine und Münzen fehlen? Trage ein.

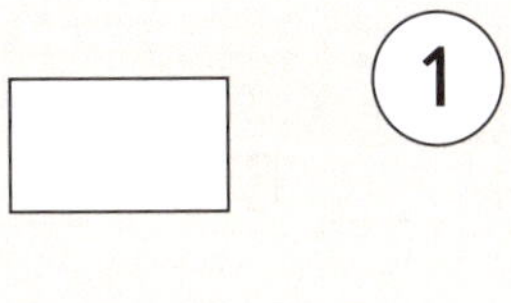

11 €

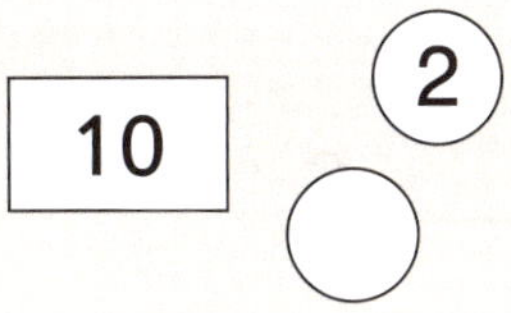

14 €

6 €

16 €

12 €

Einkaufen und bezahlen

SB S. 106, 107

1 Wie viel kostet es?

_____ €

_____ €

_____ €

_____ €

2 Wie viel kostet es zusammen?

___ € + ___ € = _____ €

___ € + ___ € = _____ €

___ € + ___ € = _____ €

___ € + ___ € = _____ €

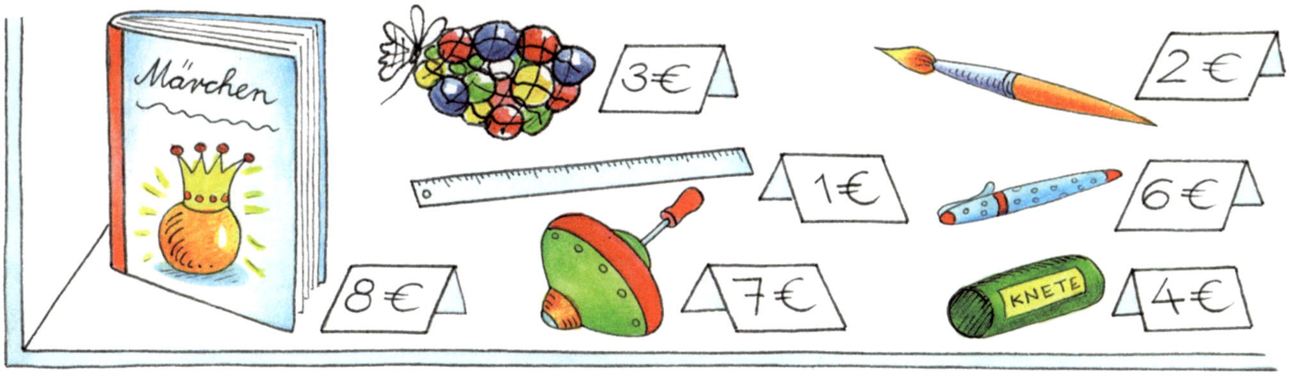

3 Wie viel kostet es zusammen?

___ € + ___ € = ____ €

___ € + ___ € = ____ €

___ € + ___ € = ____ €

___ € + ___ € = ____ €

___ € + ___ € = ____ €

___ € + ___ € = ____ €

 SB S. 108, 109

1 Wie viel Geld bekommen die Kinder zurück?

	hat	kauft	bekommt zurück
 Olga	 10 €	 9 €	___ €
 Emilio	 10 €	 ___ €	___ €
 Kim	 10 €	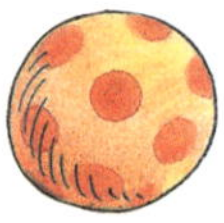 ___ €	___ €
 Tobi	 10 €	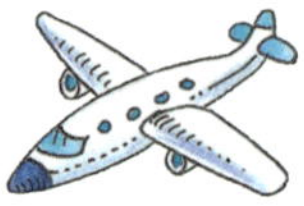 ___ €	___ €
 Jana	 10 €	 ___ €	___ €

2 Wie viel Geld bekommen die Kinder zurück?

	hat	kauft	bekommt zurück
 Noemi	 10 €	 9 €	___ €
 Fabian	 ___ €	 ___ €	___ €
 Kim	 ___ €	 ___ €	___ €
 Jana	 ___ €	 ___ €	___ €
 Justus	 ___ €	 ___ €	___ €

Uhrzeiten ablesen

SB S. 112, 113

1 Wie spät ist es?

_____ Uhr

_____ Uhr

_____ Uhr

_____ Uhr

_____ Uhr

_____ Uhr

_____ Uhr

_____ Uhr

_____ Uhr

_____ Uhr

_____ Uhr

_____ Uhr

2 Trage den Stundenzeiger ein.

03:00

05:00

06:00

07:00

09:00

11:00

3 Welche Uhrzeit passt? Verbinde.

07:00

02:00

09:00

SB S. 116, 117

Welche Aufgabe passt? Kreuze an und rechne.

Zuerst sind es 7. Dann gehen 2 **weg**.

- ☐ $2 + 5 =$ ___
- ☐ $7 - 2 =$ ___
- ☐ $5 - 2 =$ ___

Zuerst sind es ___. Dann kommen ___ **dazu**.

- ☐ $4 + 4 =$ ___
- ☐ $7 - 3 =$ ___
- ☐ $4 + 3 =$ ___

Zuerst sind es ___. Dann kommen ___ **dazu**.

- ☐ $4 + 2 =$ ___
- ☐ $5 + 2 =$ ___
- ☐ $5 - 2 =$ ___

Zuerst sind es ___. Dann gehen ___ **weg**.

- ☐ $6 - 4 =$ ___
- ☐ $9 - 3 =$ ___
- ☐ $6 - 3 =$ ___

Rechenfragen und Antworten zuordnen

SB S. 118, 119

Bei welcher Frage musst du rechnen? Kreuze an.

Rechne und antworte.

1 Zuerst sind 7 Ringe im Korb.
Dann nimmt Justus 2 Ringe heraus.

- ☐ Wie viele Ringe nimmt Justus? ____ Ringe nimmt Justus.
- ☐ Wie viele Ringe sind noch im Korb? ____ Ringe sind noch im Korb.

2 Zuerst sind 4 Ringe im Korb.
Dann legt Jette 5 Ringe dazu.

- ☐ Wie viele Ringe sind es zusammen? ____ Ringe sind es zusammen.
- ☐ Wie viele Ringe legt Jette dazu? ____ Ringe legt Jette dazu.

3 Zuerst sind 16 Ringe im Korb.
Dann legt Ali 3 Ringe dazu.

- ☐ Wie viele Ringe waren im Korb? ____ Ringe waren im Korb.
- ☐ Wie viele Ringe sind es zusammen? ____ Ringe sind es zusammen.

4 Im Korb sind 20 Ringe.
Olga nimmt 9 Ringe heraus.

- ☐ Wie viele Ringe nimmt Olga? ____ Ringe nimmt Olga.
- ☐ Wie viele Ringe sind noch im Korb? ____ Ringe sind noch im Korb.

SB S. 120, 121

1

Frage: Wie viel Euro muss Ben bezahlen?

Rechnung: ___ € + ___ € = ___ €

Antwort: Ben muss ___ € bezahlen.

2

Frage: Wie viel Euro muss Olga bezahlen?

Rechnung: ______________________

Antwort: Olga muss ___ € bezahlen.

3

Frage: Wie viel Euro muss Pia bezahlen?

Rechnung: ___ € + ___ € + ___ € = ___ €

Antwort: Pia muss ___ € bezahlen.

4

Frage: Wie viel Euro muss Kim bezahlen?

Rechnung: ______________________

Antwort: Kim muss ___ € bezahlen.

5

Frage: Wie viel Euro muss Ali bezahlen?

Rechnung: ______________________

Antwort: Ali muss ___ € bezahlen.

Das kann ich jetzt! 7

1 Geldbeträge bestimmen

____ €	____ €	____ €	____ €

2 Uhrzeiten ablesen

 ____ Uhr

 ____ Uhr

 ____ Uhr

 ____ Uhr

3 Bildern passende Aufgaben zuordnen

Zuerst sind es ___. Dann gehen ___ weg.

- ☐ 4 − 3 = ___
- ☐ 4 + 3 = ___
- ☐ 7 − 3 = ___

4 Sachaufgaben lösen

Wie viel Euro muss Hans bezahlen?

____

Hans muss ____ € bezahlen.

SB S. 122, 123

5 4 1	 4 2	 2 1	 2 2
 3 1	 3 2	 5 1	 5 2
 6 2	 7 2	 8 2	 10 0
 6 1	 9 1	 1 3	 1 2
 0 2	 5 3	 3 3	 0 9
 8 1	 4 5	 6 3	 5 5

Rechenmauern bis 20

SB S. 124, 125

1 Die kleine Mauer hilft dir beim Lösen der großen Mauer.

kleine Mauer	große Mauer
2 4	2 4 2
3 5	3 5 5
6 4	6 4 5
8 4	8 4 1
5 6	5 6 3
9 3	9 3 3

2 Rechne. Kreise die beiden höchsten Zielsteine ein.

Mauer	Mittlere Reihe	Unterste Reihe
1	6 11	2 4 7
2	_ _	4 2 7
3	_ _	7 2 4
4	_ _	2 7 4
5	_ _	4 7 2
6	_ _	7 4 2

SB S. 128, 129

1

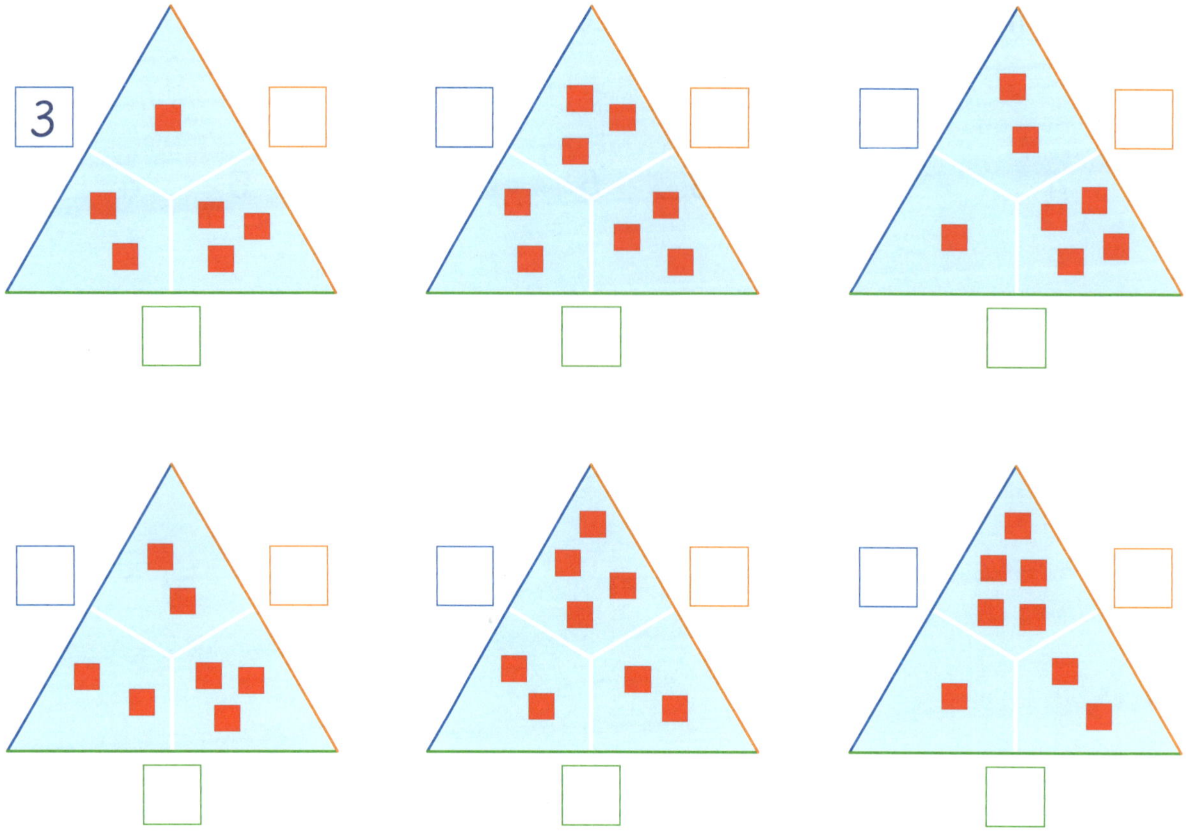

2

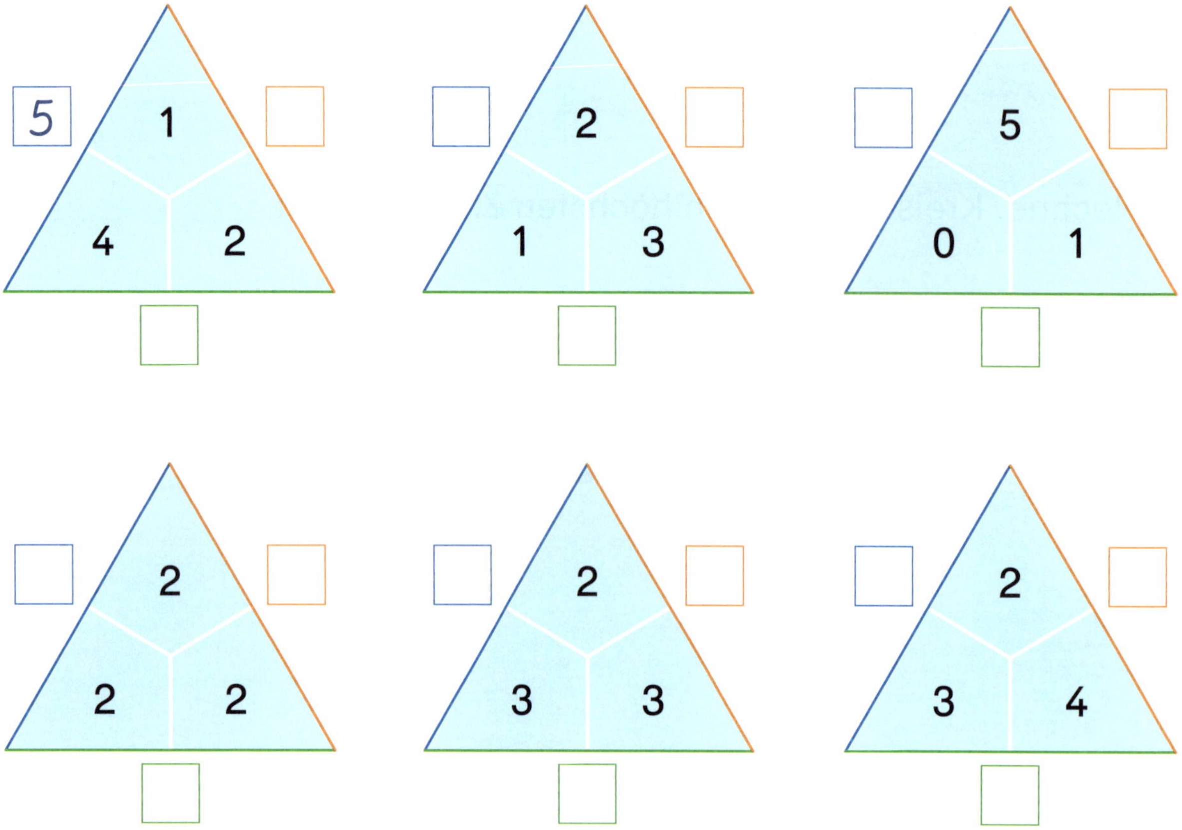

1

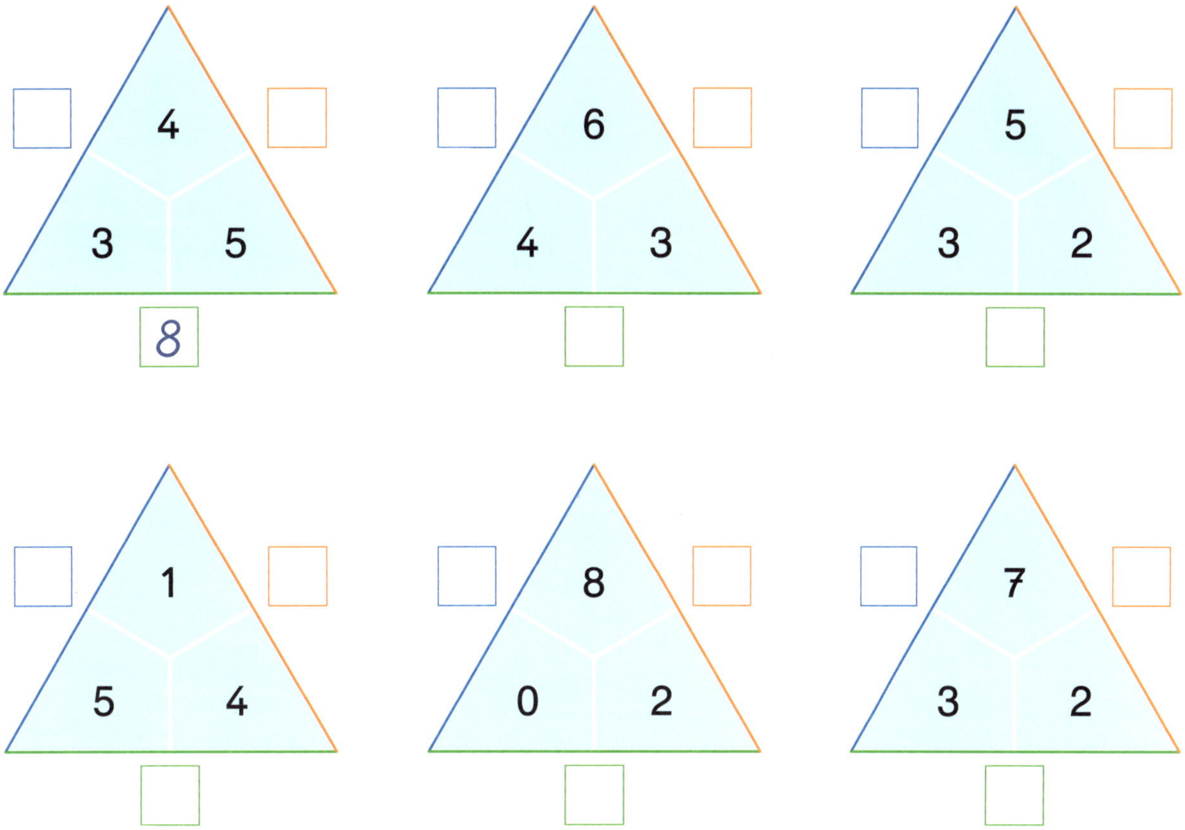

2

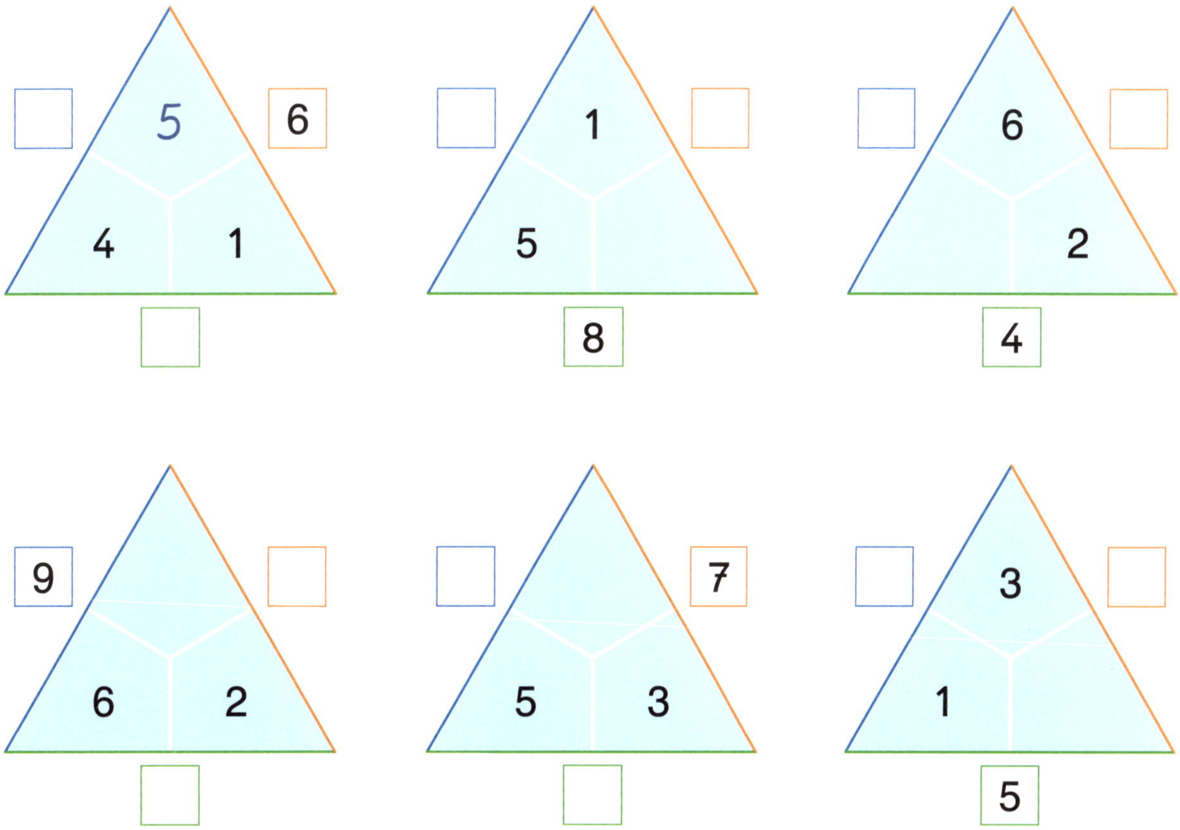

Ziffernschreibkurs: Die Zahl 1

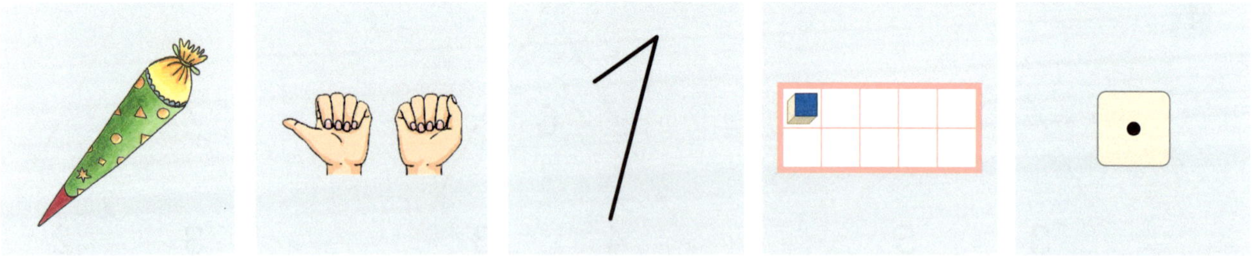

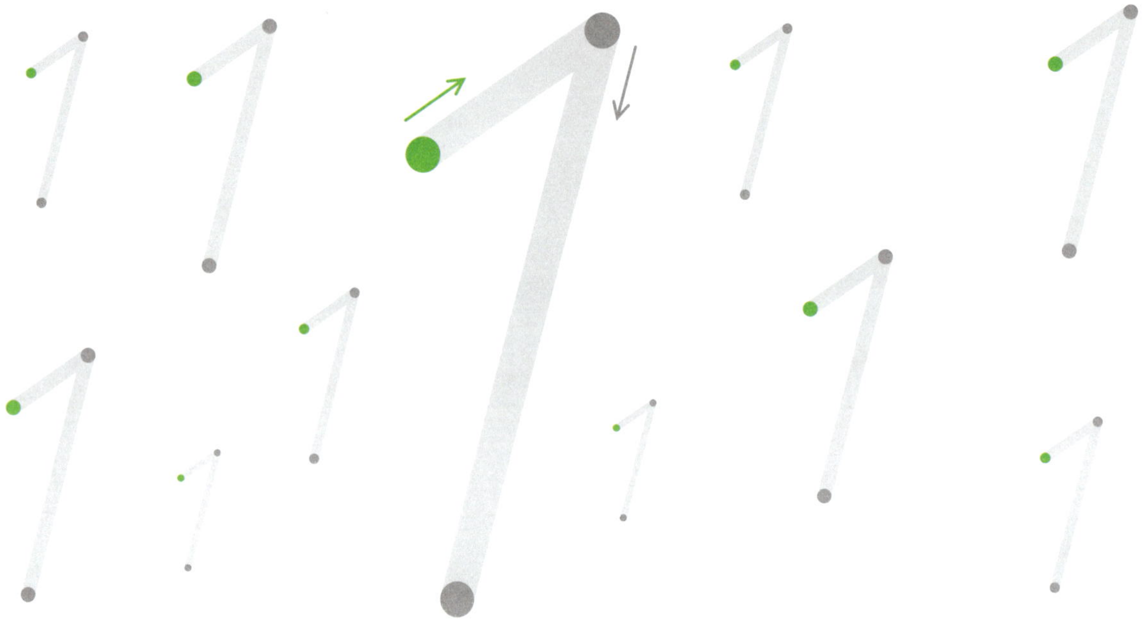

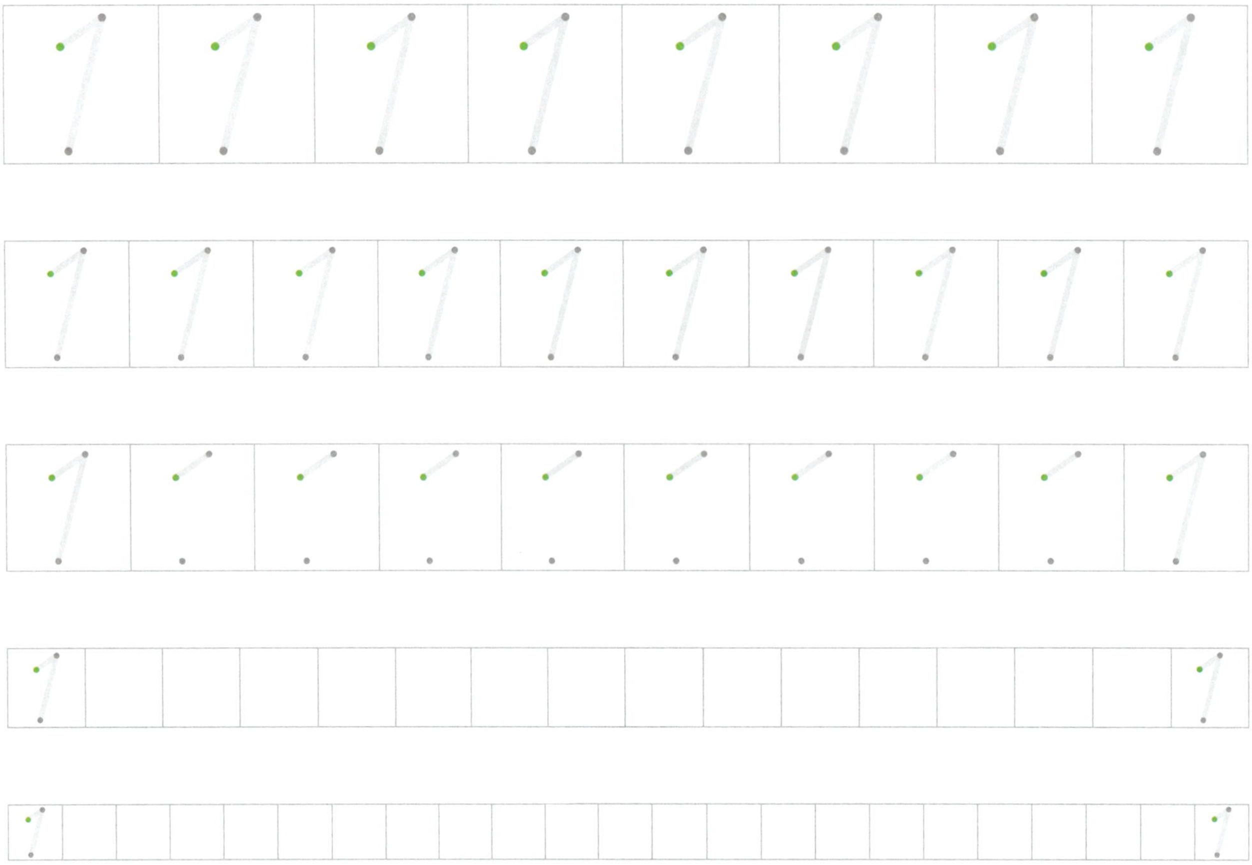

Ziffernschreibkurs: Die Zahl 2

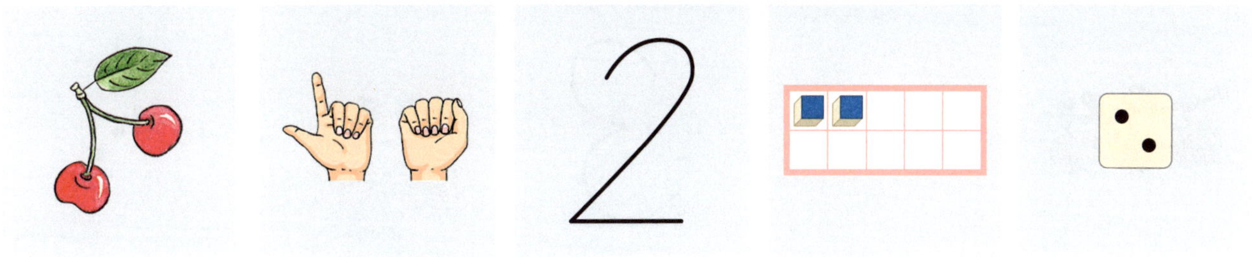

Ziffernschreibkurs: Die Zahl 3

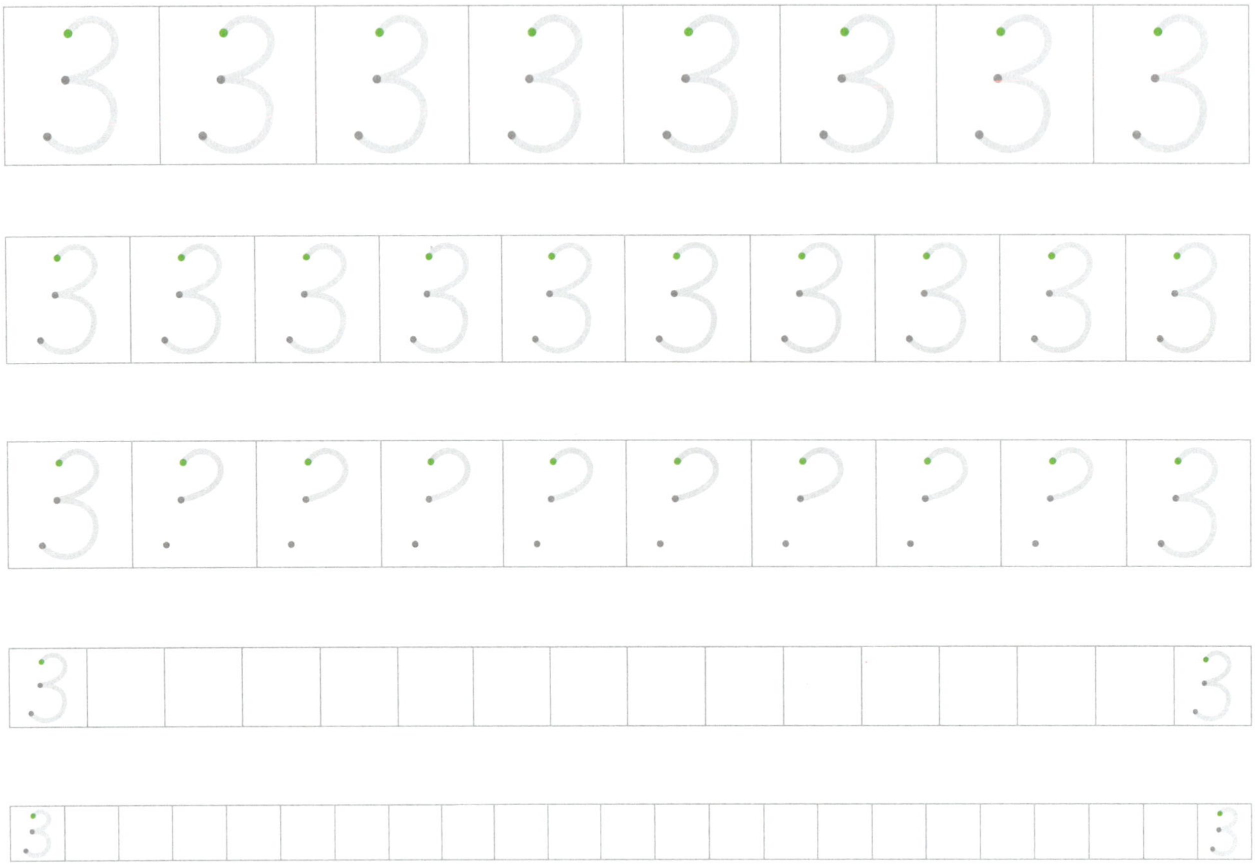

Ziffernschreibkurs: Die Zahl 4

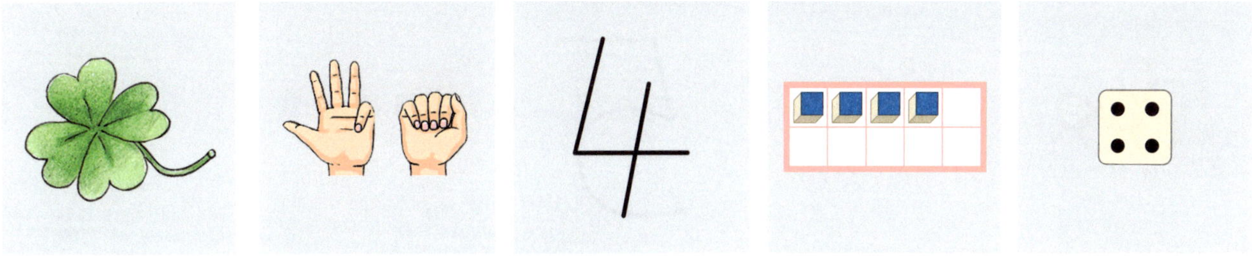

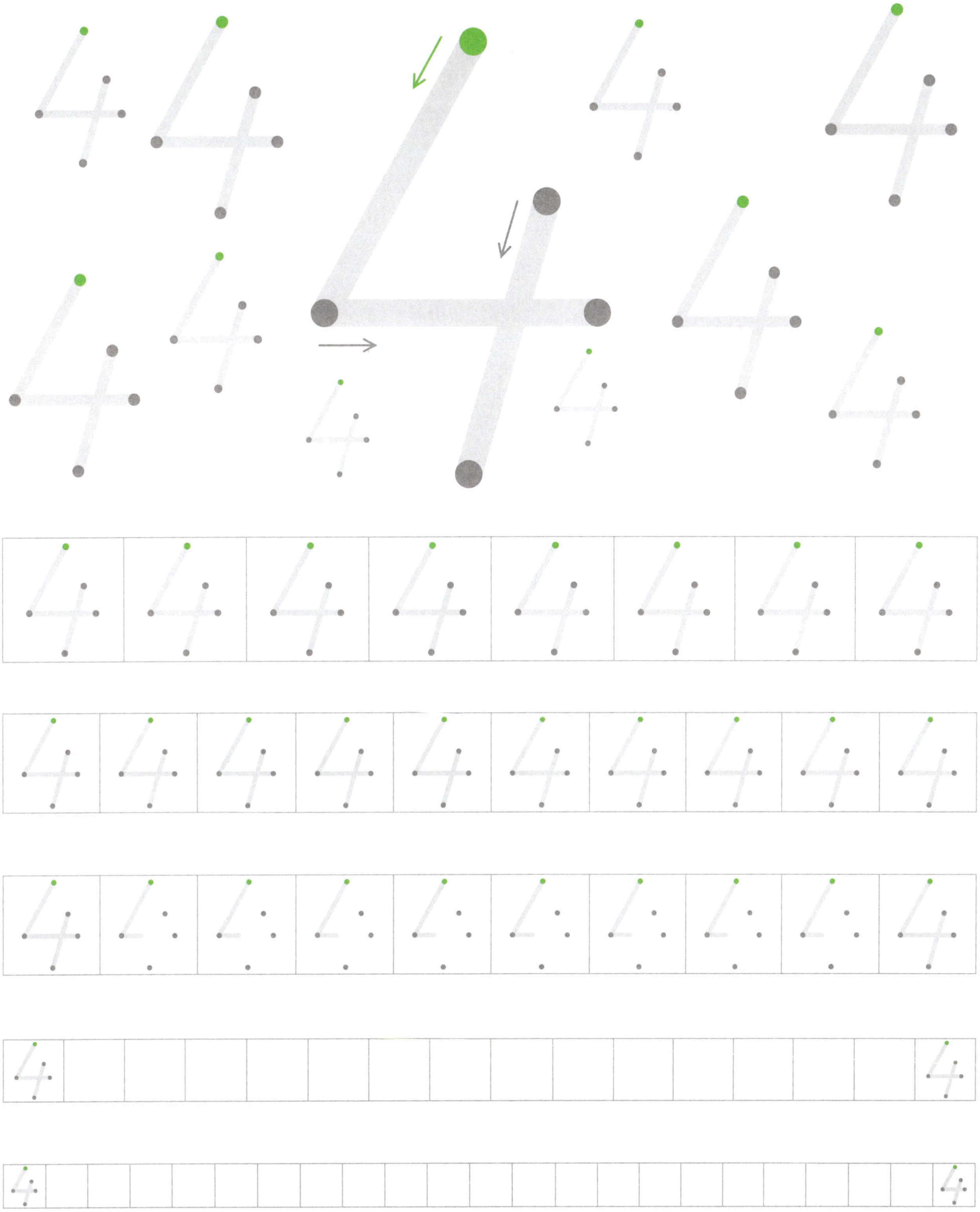

Ziffernschreibkurs: Die Zahl 5

Ziffernschreibkurs: Die Zahl 6

Ziffernschreibkurs: Die Zahl 7

 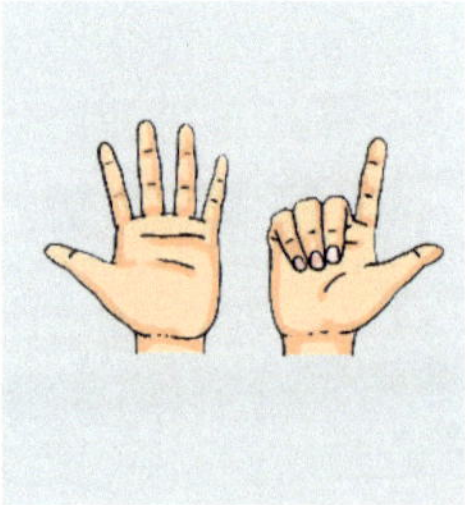 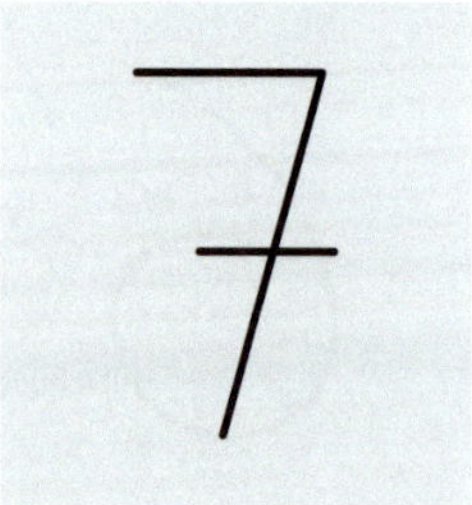  

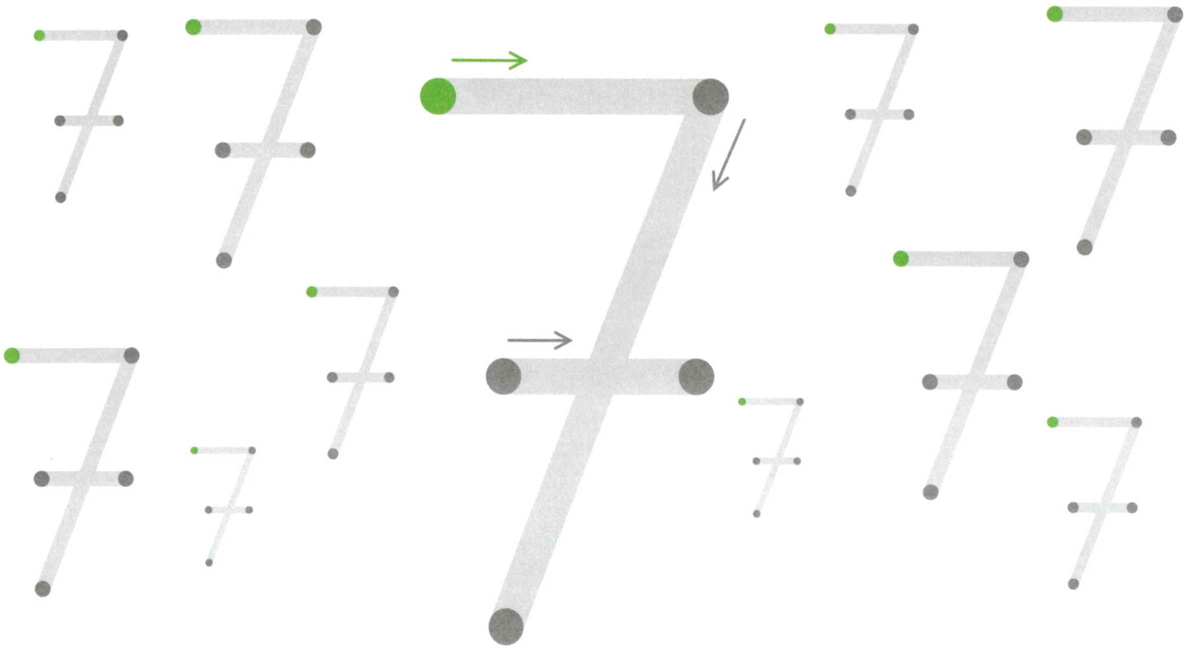

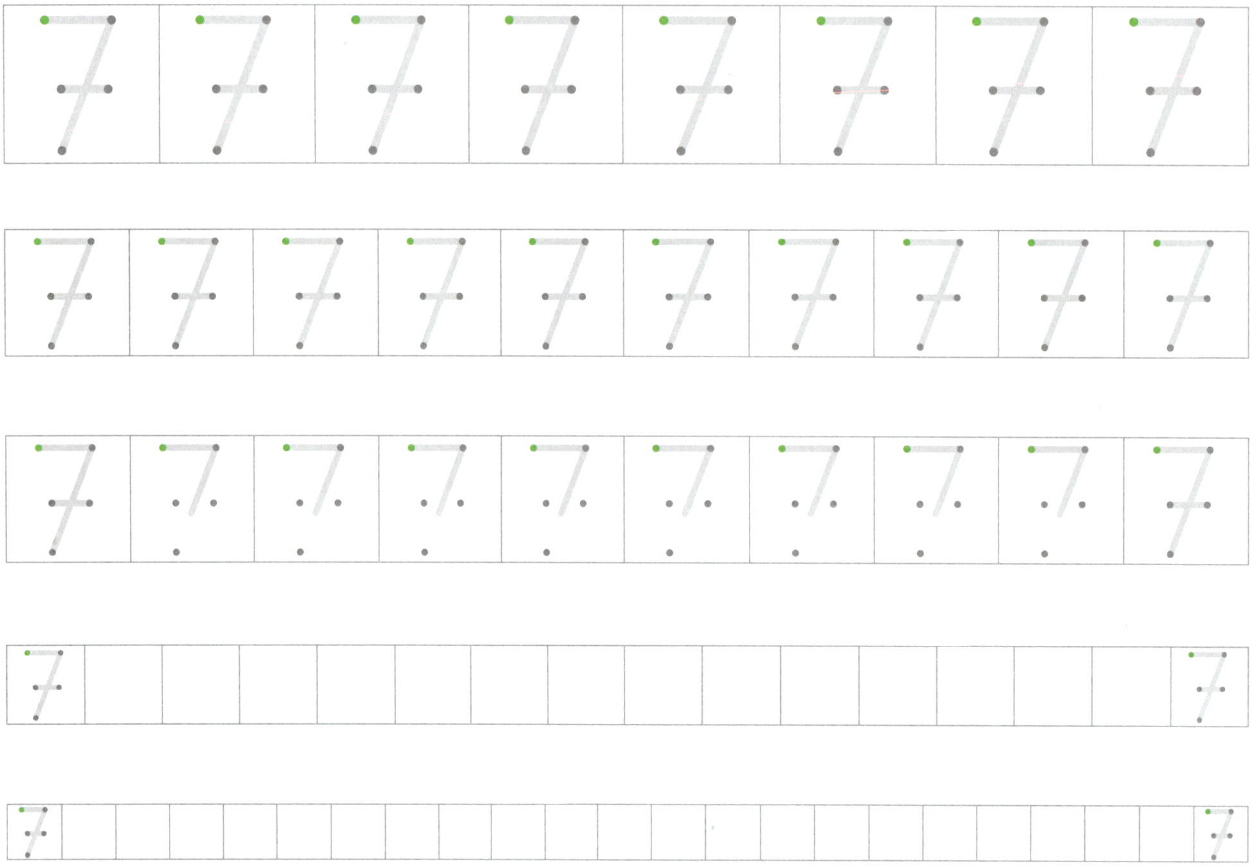

Ziffernschreibkurs: Die Zahl 8

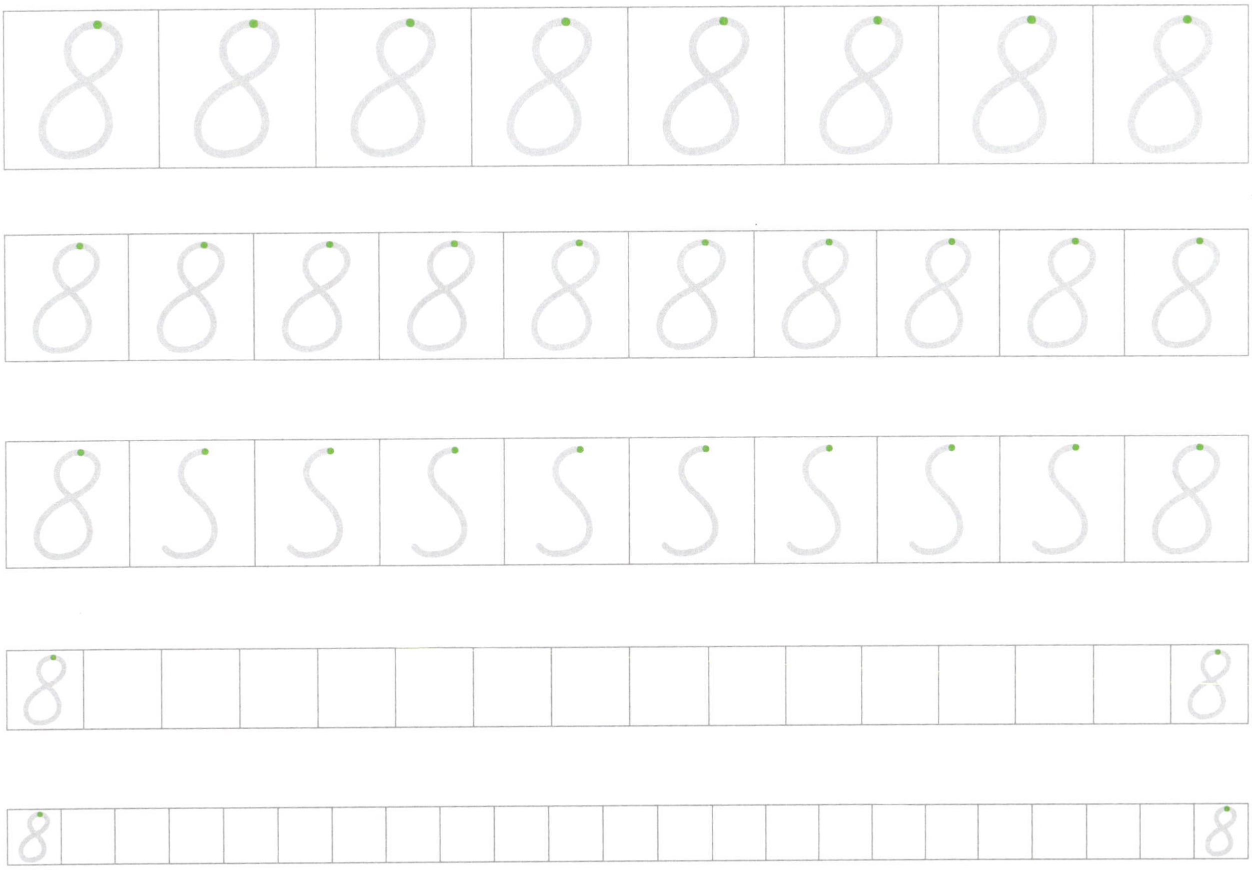

Schoko-
küsse

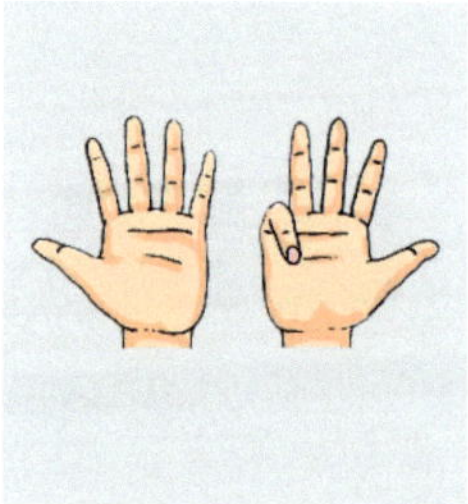

Ziffernschreibkurs: Die Zahl 10

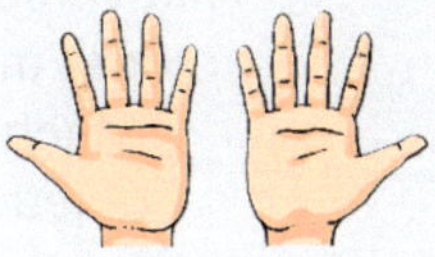

10

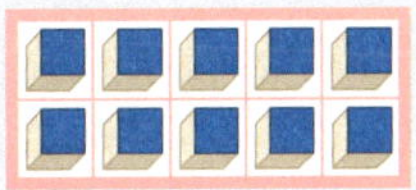

Partnerübungen – Trainingsplan

Anzahlen fühlen – SB S. 7

Schnellblick – SB S. 12

Schnellblick – SB S. 13

Hamstern – SB S. 16

Zahlenreihe bis 10 – SB S. 20

Vorwärts und rückwärts zählen – SB S. 21

Zahlen stechen bis 10 – SB S. 22

Figurendiktat – SB S. 27

Wie viele Finger sind versteckt? – SB S. 35

10 gewinnt – SB S. 36

Plusaufgaben zeigen – SB S. 43

Minusaufgaben zeigen – SB S. 49

Partneraufgaben üben – SB S. 61

Schnellblick am Zwanzigerfeld – SB S. 72

Zahlenreihe bis 20 – SB S. 74

Zahlen stechen bis 20 – SB S. 76

Verdopplungsaufgaben üben – SB S. 82

Geldbeträge legen – SB S. 103

Fredo

Meine Zahl ist das Doppelte von 5.

Zähle rückwärts: 20, 19 … 10.

_____ > 14

11	13	15

3 + 7 = _____

16 > _____

12	17	20

Wie viel kosten 2 Ananas?

Nenne 3 Flächenformen.

Sticker aufkleben:

Fredo 

Fips 

Frida 

Spiel

Zähle vorwärts:
10, 11 … 20.

Justus hat 10 €.
Oma schenkt ihm 6 €.
Wie viel Geld hat
Justus jetzt?

10	◯	5

17 €

Meine Zahl ist um
4 größer als 14.

_____ Uhr

Spielregel

Bei diesem Spiel können 2–4 Kinder mitspielen. Ihr benötigt einen Würfel und 2–4 Spielfiguren. Das älteste Kind darf beginnen.

- Würfelt der Reihe nach und rückt entsprechend dem Würfelergebnis vor.
- Du darfst 2 Felder vorrücken.
- Du musst 2 Felder zurückgehen.
- Aufgabenfeld: Ist dein Ergebnis falsch, musst du eine Runde aussetzen.

Fredo 1
Mathematik

Erarbeitet von:	Mechtilde Balins, Rita Dürr, Nicole Franzen-Stephan, Ute Plötzer, Anne Strothmann, Margot Torke
Unter Beratung von:	Christian Bussebaum, Mathematisch-Lerntherapeutisches Institut Düsseldorf (ILSA)
Unter Einbeziehung der Ausgabe von:	Mechtilde Balins, Rita Dürr, Nicole Franzen-Stephan, Petra Gerstner, Ute Plötzer, Anne Strothmann, Margot Torke und Lilo Verboom
Redaktion:	Marlen Dietz
Illustration:	Cleo-Petra Kurze (alle Illustrationen mit Ausnahme der nachfolgend genannten); Friederike Ablang (Justus und Jette nach Vorlagen von Cleo-Petra Kurze): S. 3 (Tisch und Gegenstände), 20, 24, S. 44 (Perlenkette), S. 53–55 (Koffer), S. 57–62 (Koffer), S. 64 (Kinder mit Schildern, Tiere), S. 65 (Koffer), S. 68, S. 74, S. 4–78 (Bleistift und Buntstifte), S. 92–93 (Abb. zu SB S. 7, 12, 13, 27, 35, 43, 49, 61, 72, 103); Renate Möller (Fingerbilder): S. 4, 5, 11, 15–20, 23, 24, 32, 82–91; Martina Theisen (Leitfiguren Fredo, Frida und Fips mit Ausnahme der nachfolgend genannten); Irina Zinner (Fredo nach Vorlagen von Martina Theisen): Cover, S. 3
Grafik:	Detlef Seidensticker
Umschlaggestaltung:	Corinna Babylon und Jule Kienecker, Berlin
Layout:	Heike Börner
Technische Umsetzung:	Thomas Werner für PER MEDIEN & MARKETING GmbH, Braunschweig

Quellenverzeichnis

S. 66, 67, 71, 77 (Euromünzen): Cornelsen / Detlef Seidensticker / Deutsche Bundesbank / Luc Luycx aus Belgien; S. 67, 70, 71, 77 (Euroscheine): Cornelsen / Christine Wächter / Deutsche Bundesbank

www.cornelsen.de

1. Auflage, 1. Druck 2021

Alle Drucke dieser Auflage sind inhaltlich unverändert und können im Unterricht nebeneinander verwendet werden.

Druck: H. Heenemann, Berlin

ISBN 978-3-06-084677-1